A ARTE DE EDUCAR CRIANÇAS

"A maior parte dos 55 itens relacionados neste livro pode ser adotada por qualquer pessoa, jovem ou idosa – da dona-de-casa ao médico, do político ao garçom. Essas normas são sobre como vivemos, interagimos com os outros e apreciamos a vida. Portanto, interessam a todos."

"Essas regras não se destinam apenas a fazer com que as crianças se comportem – seu objetivo também é preparar os estudantes para o que os aguarda depois que deixam a sala de aula. Elas os capacitam a lidar com qualquer situação que possam encontrar e lhes dão confiança para isso. De certa forma, é um plano de 55 passos. Os passos, no entanto, não são seqüenciais."

"Tenho visto professores e pais que cometem o erro de serem muito tolerantes para ganhar o afeto das crianças. No começo, acho que elas até gostam, mas acabam não os respeitando. Obtemos o melhor resultado quando fazemos com que os alunos gostem de nós e nos respeitem. Para isso, precisamos criar uma estrutura na sala de aula, temos que estabelecer regras claras e definidas e fazermos com que se sintam seguros e confortáveis."

"Para mim, a vida é feita de experiências, as que criamos para nós e as que proporcionamos a alguém. Como professor e como pessoa, tento oferecer momentos especiais aos que me cercam."

"Tudo o que espero deste livro é que ele o tenha inspirado a dar uma contribuição expressiva nas vidas das crianças. Oriente-as enquanto crescem, mostre-lhes de todas as maneiras possíveis que estão sendo cuidadas e crie para elas momentos especiais que acrescentem mágica às suas vidas e as motivem a agir assim com todos. E mais importante – ensine-lhes a amar a vida."

Ron Clark

RON CLARK

A ARTE DE EDUCAR CRIANÇAS

55 REGRAS DE UM PROFESSOR PREMIADO PARA FORMAR ALUNOS NOTA 10 NA SALA DE AULA E NA VIDA

2º Edição

SEXTANTE

Título original: *Essential 55*

tradução: Ronald Kyrmse

preparo de originais: Valéria Inez Prest

revisão: Antonio dos Prazeres e Sérgio Bellinello Soares

projeto gráfico e diagramação: Valéria Teixeira

capa: Miriam Lerner

fotolitos: RR Donnelley

impressão e acabamento: Yangraf Gráfica e Editora Ltda.

CIP-BRASIL. CATALOGAÇÃO-NA-FONTE
SINDICATO NACIONAL DOS EDITORES DE LIVROS, RJ

C544a Clark, Ron, 1971-
A arte de educar crianças / Ron Clark ;
tradução de Ronald Kyrmse.
– Rio de Janeiro: Sextante, 2005.

Tradução de: Essential 55
ISBN 85-7542-175-1

1. Ensino. 2. Professores e alunos. 3. Pais e filhos.
4. Educação de crianças. 5. Crianças – Formação.
I. Título.

05-1677. CDD 371.102
CDU 371.13

GMT Editores Ltda.
Rua Voluntários da Pátria, 45 – Gr. 1.404 – Botafogo
22270-000 – Rio de Janeiro – RJ
Tel.: (21) 2286-9944 – Fax: (21) 2286-9244
E-mail: atendimento@esextante.com.br
www.sextante.com.br

Aos meus pais
Obrigado por deixarem eu me
apoiar nos seus ombros.

Aos meus alunos
Obrigado por me ensinarem mais
sobre a vida do que eu jamais
pude ensinar a vocês.

Sumário

Introdução

O nome dela era Mudder. Ela adorava antigos seriados de rádio, couve-manteiga e rapé. Era minha avó. Tinha somente um metro e cinqüenta e dois de altura, mas quando punha as mãos na cintura ficava mais alta do que qualquer um que estivesse por perto. Não tolerava bobagens e era respeitada por todos – coitado de quem tivesse que aprender isso do modo mais difícil. Morando lá em casa, ela me viu crescer e teve uma grande influência em minha vida.

Minha avó é uma das razões pelas quais eu valorizo tanto as expectativas que tenho em relação aos meus alunos e a todas as pessoas. A ela, assim como a meus pais, devo minha educação, típica do sul dos Estados Unidos, que inclui bons modos, além de respeito e consideração por todos. Mudder me mostrou também como desfrutar a vida, aproveitar oportunidades e viver cada momento ao máximo. Tive muita sorte em estar cercado de familiares que me forneceram excelentes exemplos de como a vida deve ser vivida e não desvalorizada.

Assim que me tornei professor, pude constatar que muitas crianças não têm acesso ao tipo de orientação e às oportunidades que eu tive. Procuro servir de exemplo para os alunos e ser um modelo para eles como meus familiares foram para mim. Na tentativa de lhes dar um resumo ou um guia de como a vida deve ser vivida e apreciada, compilei uma lista de regras. Ao longo dos anos em que trabalhei com crianças e vi essa lista ir passando de cinco normas para um manual de lições da vida, observei uma diferença notável nos alunos quanto ao seu comportamento, desempenho escolar e respeito pelas pessoas.

Tive muito sucesso ao ensinar essas lições aos estudantes, mas elas não são apenas para crianças. A maior parte dos 55 itens relacionados neste livro pode ser adotada por qualquer pessoa, jovem ou idosa – da dona-de-casa ao médico, do político ao garçom. Essas normas são sobre como vivemos, interagimos com os outros e apreciamos a vida. Portanto, interessam a todos.

Sinto-me muito feliz por ter tido a oportunidade de trabalhar com crianças e desenvolver essa lista de 55 princípios até que ela se tornasse o que é hoje: uma extensão da minha formação, misturada com lições que aprendi sobre a vida, além de algumas normas que senti necessidade de adotar para manter a ordem entre os alunos e conseguir que desenvolvessem seu potencial.

Essas regras não se destinam apenas a fazer com que as crianças se comportem – seu objetivo também é preparar os estudantes para o que os aguarda depois que deixam a sala de aula. Elas os capacitam a lidar com qualquer situação que possam encontrar e lhes dão confiança para isso. De certa forma, é um plano de 55 passos. Os passos, no entanto, não são seqüenciais. Todos eles são explicados, praticados e reforçados desde o primeiro dia na sala de aula. No fim do ano, gosto de dizer que meus alunos estão "bem-educados". Sei que posso levá-los a qualquer lugar, conduzi-los a qualquer situação e passar-lhes qualquer lição, pois já terão atingido um ponto em que estarão receptivos ao aprendizado e ávidos por experimentar a vida.

~

O tempo que passo com as crianças enquanto lhes ensino essas regras é maravilhoso, mas parece ironia pensar que a última coisa que eu queria ser era professor. Lembro-me de que na época de estudante eu sonhava em descobrir antigas tumbas no Egito, dar a volta ao mundo como correspondente estrangeiro e me infiltrar em países como agente secreto. Nunca tinha me passado pela cabeça a idéia de ser um educador.

No meu último ano de colégio, ouvi falar de uma bolsa de estudos para os interessados em ser professores. Quem a recebesse não teria nenhum gasto com a faculdade, desde que concordasse em ensinar na Carolina do Norte por quatro anos depois de se formar. Eu não tinha o mínimo desejo de seguir essa profissão, mas sabia que aceitar a bolsa facilitaria muito a questão financeira para minha família. Decidi que usaria os recursos para pagar os estudos, mas que depois de me formar não me tornaria professor. Seguiria outra profissão que me permitisse ganhar dinheiro bastante para quitar a bolsa de estudos. Não foi um plano de que me orgulho, mas na época fazia sentido.

Na faculdade, descobri que meu único e verdadeiro amor na vida era a aventura. Estava sempre disposto a enfrentar qualquer tipo de desafio e isso de fato me proporcionou uma série de momentos fantásticos de vida.

Quando me formei, constatei que não desejava ser professor. Na verdade, não queria era trabalhar. Em busca de mais aventuras, mudei-me para Londres e arranjei um emprego de garçom em que também cantava e dançava. Depois de seis meses na Grã-Bretanha, viajei pela Europa como mochileiro. Fui parar na Romênia, onde morei com ciganos que me deram ratos para comer, o que me deixou tão doente que tive de ser mandado para casa de avião.

Depois que voltei da Romênia, meus pais ficaram extremamente contentes em me ver, mas eu não tinha intenção de ficar em casa por muito tempo. Mas minha mãe estava disposta a fazer o que fosse necessário para me manter quieto. Ela me falou da morte, então recente, de uma professora da quinta série em nossa região.

Moramos no interior e a população da cidade de Aurora é de cerca de seiscentas pessoas. É preciso dirigir por vinte minutos para chegar a um sinal de trânsito e é difícil atrair professores para a escola por causa da viagem que eles têm que fazer todos os dias. Mamãe me disse que alguns professores haviam assumido a vaga durante um mês e que a classe estava muito indisciplinada. Cerca de 75 por cento dos estudantes da escola pertenciam a minorias e a maior parte das crianças recebia almoço grátis ou a preço reduzido.

Eu sentia muito pela situação, mas disse para minha mãe que não estava interessado em assumir uma turma de crianças que demandavam tanta dedicação, muitas das quais apresentavam problemas de comportamento e dificuldades de aprendizado. Ela afirmou, no entanto, que, se eu não fosse pelo menos falar com a diretora, ela e meu pai deixariam de me emprestar dinheiro para minhas aventuras. Assim, no dia seguinte, fui a primeira pessoa a chegar à Snowden Elementary School.

Fui recebido pela diretora, Andrea Roberson, que circulou pela escola comigo e me falou sobre os alunos dos quais eu seria professor se aceitasse ficar. Ela explicou o quanto eles necessitavam de tempo e atenção e disse que eu *tinha* que fazer com que suas notas melhorassem a qualquer custo.

Lembro-me de ter pensado: "E esta mulher está mesmo tentando me convencer a trabalhar aqui." Fingi interesse, mas meu coração estava em outro lugar. Depois ela me acompanhou até à sala onde estava a turma da quinta série. Entramos e lá estava um garotinho chamado Rayquan sentado bem perto da porta. Ele ergueu para mim os enormes olhos castanhos e redondos e perguntou:

– É você que vai ser nosso novo professor?

Não consigo explicar a sensação que me dominou, foi como uma epifania. A confiança instantânea na voz dele, a emoção em todo o seu rosto e o evidente anseio por estabilidade que ele demonstrava me despertaram. Compreendi que estava onde devia estar. Encarei Rayquan e respondi:

– Acho que sim.

A diretora me pediu que observasse a professora substituta em ação por alguns dias antes que eu assumisse a turma. A substituta em questão, a Sra. Waddle, era uma mulher excêntrica que passava quase todo o tempo com um sanduíche na mão. Antes de me passar a classe, a Sra. Waddle despediu-se com uma frase de "sabedoria". Olhou para mim e disse: "Se conseguir influenciar a vida de uma só criança, terá sido um sucesso."

Até hoje não gosto dessa frase. Acredito que a educação deve ter o propósito de produzir um efeito na vida de cada um dos alunos. A idéia de obter "sucesso" após alcançar esse objetivo com apenas uma criança não basta. Começo cada ano letivo ciente de que só disponho desse período para estabelecer uma mudança que vai fazer a diferença na vida de todos os meninos e meninas da classe, e nisso eu empenho tudo o que tenho.

Não sabia muita coisa na primeira vez em que entrei na sala de aula e assumi a turma da Sra. Waddle, mas estava certo de que minha vida ia mudar, porque estava determinado a dar aos alunos uma vida diferente, uma vida melhor. Meus tempos de professor haviam começado.

Nos sete anos seguintes, minhas experiências nessa profissão foram como um passeio de montanha-russa, com convites para a Casa Branca, telefonemas para o Serviço de Emergência, viagens pelo país com os alunos, projetos que conquistaram atenção mundial e uma grande mudança – deixei de ensinar no interior da Carolina do Norte e me transferi para o Harlem, em Nova York. Esses acontecimentos põem em destaque o tempo que passei trabalhando com crianças e meus esforços para lhes ensinar essas regras. Muitas das histórias estão relatadas aqui. Elas mostram os altos e baixos, os sucessos e as frustrações dessas experiências, além das lições que aprendi no caminho.

À medida que você for lendo a lista, provavelmente encontrará regras das quais gostará e que decidirá usar com seus filhos, alunos e crianças que façam parte da sua vida. Mas também pode haver algumas delas que não o inspirem. Todos nós temos diferentes níveis de tolerância quando se trata do comportamento infantil e todos possuímos distintos graus de expectativa em relação a nós mesmos e às pessoas. Ofereço essas regras como sugestões, como métodos testados que beneficiaram muito meus alunos. Espero que você as considere úteis.

As quatro verdades universais sobre as crianças

Trabalhar com crianças é extremamente angustiante. Não importa quanta prática ou experiência temos, sempre haverá preocupações e o medo de fazermos algo errado. Isso é compreensível, pois não existe responsabilidade maior do que educar crianças. Sejamos pais, professores, conselheiros ou membros da comunidade, estamos diante da tarefa de dar a elas um exemplo positivo, motivá-las a terem sucesso e dar uma contribuição expressiva a suas vidas.

Durante os anos em que venho trabalhando com alunos, aprendi muito sobre o que os estimula e quais métodos são melhores quando precisamos lidar com diferentes situações. Uma coisa de que tenho certeza é: temos que ser hábeis no trato com crianças. Em linhas gerais, identifiquei quatro verdades universais sobre elas.

1. As crianças precisam de estrutura e gostam dela.

Os alunos gostam de sentir que estão seguros e que há uma figura de autoridade no controle. Tenho visto professores e pais que cometem o erro de serem muito tolerantes para ganhar o afeto das crianças. Alguns professores dizem que evitam ser rigorosos demais porque querem que elas gostem deles. No começo, acho que elas até gostam, mas acabam não os respeitando. Obtemos o melhor resultado quando fazemos com que os alunos gostem de nós e nos respeitem. Para isso, precisamos criar uma estrutura na sala de aula, temos que estabelecer regras claras e definidas e fazermos com que se sintam seguros e confortáveis.

2. As crianças se esforçarão muito se gostarem da pessoa que você é.

Um bom programa de disciplina nos ajuda a conquistar respeito, mas há algumas crianças que podem não gostar de nós. E cativá-las é bem trabalhoso às vezes. Mesmo antes de conhecer minha nova turma de alunos, mando-lhes cartas para que já saibam algo sobre mim e minha personalidade. Faço questão de incluir muitas fotos, para mostrar que gosto de me divertir e fazer coisas empolgantes. No primeiro dia, organizo uma breve exibição de slides com fotos minhas e das viagens que fiz. Também incluo imagens em que apareço quando tinha a idade deles. Quero que as crianças se entrosem comigo imediatamente. Desejo que vejam que sou real e mais do que apenas seu professor.

Outra tática que uso para conseguir que gostem de mim é fazer algo para chamar sua atenção, não importa se acabo parecendo bobo ou metido em uma situação embaraçosa. Com elas me livro da inibição. Sacrificar um pouco da própria dignidade pode ser de grande ajuda quando estamos tentando conquistar os alunos.

Lembro-me de como minha mãe costumava me pôr para dormir todas as noites quando eu era criança. Começava a tirar minhas meias e agia como se fosse impossível fazer isso. Puxava, puxava e elas se esticavam cada vez mais. As caretas que mamãe fazia eram as coisas mais engraçadas que já vi na vida. Por fim, as meias saíam em um tranco e ela despencava na cama. Parecia uma tola fazendo isso? Sim. Eu a amava por isso? Sem nenhuma dúvida. Quando estou diante da turma, abaixo a guarda. Não tenho inibições. Faço caretas engraçadas, caio no chão e me disponho ao que for preciso para cativar os alunos.

Pode parecer estranho outro recurso que utilizo para conseguir que as crianças gostem de mim. No primeiro dia de aula, faço um discurso mais ou menos assim:

> Não me importo se vocês não gostarem de mim. Não dou a mínima. Também não estou aqui para ser amigo de nenhum de vocês. Tenho muitos amigos e não preciso de mais nenhum. Não vou ligar se ficarem zangados e me xingarem mentalmente. Estejam muito à vontade para reagir assim, porque meu objetivo aqui não é fazer com que gostem de mim, mas com que aprendam. Preocupo-me com cada um de vocês e vou me dedicar para lhes dar a melhor educação possível. Quero que todos saibam que não pouparei esforços para que isso aconteça e nada vai me impedir.

Essas palavras podem parecer um tanto ásperas, mas são importantes por muitas razoes. Primeiro, fazem com que as crianças saibam que não vão ficar impunes se aprontarem na classe, mas também revelam que me preocupo com elas e que me esforço para que tenham a melhor educação possível. Segundo, mostram quais são minhas prioridades e estabelecem a base para o tipo de ano que vamos ter. O engraçado desse discurso, porém, é que lhes digo com toda a intensidade que não me importo se não gostarem de mim e, ao mesmo tempo, que vou dar duro para ser o tipo de professor de que irão gostar. Exibo slides, danço, fico de pé nas cadeiras, canto, represento, faço de tudo.

Quero que as crianças gostem de mim? Sim, é absolutamente necessário. Deixo que saibam disso? Não. Quando os alunos sabem que queremos que nos apreciem, eles têm uma munição poderosa para usarem contra nós e, no fim, pode ser que tirem proveito disso e provavelmente tirarão. Contar a "história" de que não ligamos para isso nos deixa com o controle. Não podemos disciplinar crianças sem amá-las e não podemos amá-las sem disciplina-las. As duas coisas têm que andar juntas.

3. As crianças gostam de saber o que esperamos delas.

É pouco realista querer que as crianças se comportem automaticamente do modo que gostaríamos. Crianças são crianças e muitos atos que consideramos sensatos lhes parecem estranhos. Descobri que, qualquer que seja a criança, se explicarmos precisamente o que desejamos dela e exatamente como esperamos que se porte, ela tentará fazer o melhor para se comportar dessa forma. Quando estão encrencados, muitas vezes os alunos perguntam: "O que foi que eu fiz?" Ou dizem: "Não fiz nada." Eles honestamente não compreendem o que fizeram de errado. Portanto, se não entendem por que seu ato foi inadequado, como é que podiam saber que não deviam praticá-lo? Temos que ser específicos quando dizemos às crianças o que esperamos delas. Precisamos explicar isso com todos os detalhes para que não haja dúvidas em suas mentes quanto ao que é certo ou errado.

Durante meus primeiros anos de ensino, quando um aluno fazia algo errado, eu imediatamente o punia com um almoço silencioso ou proibindo-o de ir ao recreio. Crianças como Tyquad Johnson, que, ao ser castigado, franzia o rosto como se estivesse com prisão de ventre, submetiam-se à punição morrendo de raiva. Depois de algum tempo, percebi que nesses casos eles simplesmente não estavam aprendendo nenhuma lição. Muitas vezes nem compreendiam por que seus atos me irritavam tanto. Não entendiam o que tinham feito de errado. Por fim, comecei a ter conversas individuais com as crianças sobre o que acontecera.

Uma das primeiras coisas que sempre digo é: "Conte-me o

que você acha que fez de errado" ou "Por que você acha que estou irritado?". Costuma ser muito útil ouvir a opinião da criança sobre o caso. Quase sempre há dois pontos de vista completamente diferentes sobre o que ocorreu. Por isso, se não tirarmos um tempo para explicar-lhe por que estamos irritados, o aluno continuará zangado ou ressentido por causa da punição. Quando as crianças estão se portando mal, é importante dizermos por que seus atos foram inadequados para evitar que aconteçam de novo.

4. As crianças gostam de saber que estão sendo cuidadas.

Em meu primeiro ano como professor havia um menino chamado Raymond que era uma criança muito malcriada e desorganizada. Na classe, era o líder dos alunos e o caos que criava afetava toda a turma. Eu sabia que, se conseguisse encontrar um meio de cativá-lo, isso ajudaria muito a controlar as outras crianças. Na tarde de uma sexta-feira, Raymond me avisou em um tom muito atrevido que não ia fazer as lições do fim de semana, porque tinha que jogar basquete pela liga recreativa. Não discuti com ele. Em vez disso, descobri onde a competição se realizaria e fui assistir às partidas. Quando Raymond me viu, ficou impressionado e perguntou o que eu estava fazendo ali. Disse-lhe que fora torcer por ele, mas Raymond não conseguiu acreditar. Toda vez que fazia um lance, driblava, pegava a bola de alguém ou apanhava um rebote, ele dava uma olhadela para ver se eu o estava observando.

O fato de eu ter ido foi importantíssimo para esse aluno e, na segunda-feira, ele chegou à sala de aula com todas as lições feitas, caprichadas e corretas. Na verdade, Raymond transformou-se em um aluno-modelo. Tornou-se respeitoso e esforçado, uma figura de liderança positiva para toda a turma. No ano anterior, sua pontuação no teste de leitura fora melhor do que apenas a de 16 por cento de todos os estudantes de quarta série do estado. No fim da quinta série, Raymond foi melhor do que 68 por cento de todos os quintanistas. Essa melhora ocorreu simplesmente porque lhe mostrei que me preocupava com ele, e isso o estimulou a ter um bom desempenho.

Parece simples, e é. As crianças desejam saber se nos preocupamos com elas. Antes de concordarem em investir esforços no que lhes pedimos, querem se assegurar de que estamos dispostos a investir nelas. Uma vez que demonstremos isso, toda a experiência fica muito mais fácil, produtiva e significativa.

Regra n.º 1

Seja positivo e aproveite a vida

Mantenha o otimismo e desfrute a vida. Simplesmente não vale a pena você se irritar com determinadas coisas. Saiba o que quer e focalize o que há de bom em sua vida.

Amo meus pais. São pessoas maravilhosas e sábias. Quando enfrento um problema ou algo dá errado, eles têm um modo mágico de me mostrar que a situação nunca é tão ruim quanto parece. Sempre dizem: "Ron, essas coisas acontecem. Não é preciso irritar-se, vamos dar um jeito." Não sou capaz de dizer o quanto me conforta ouvir isso.

Lembro-me de certa vez quando eu e minha irmã Tassie estávamos indo para a escola de carro com nossa mãe. De repente, começou a sair fumaça pelos dois lados do capô. Mamãe estacionou e saiu para ver o que estava acontecendo. Nessa época, ainda não existiam os celulares, portanto ela teve que caminhar pela rua até encontrar um bar onde pudesse usar o telefone. Era uma situação muito tensa, mas minha mãe manteve-se calma e positiva o tempo todo. Papai veio nos apanhar e, em vez de xingar ou se irritar porque isso o fizera sair do trabalho, ele apenas riu, nos levou à escola e voltou para descobrir um jeito de mandar o automóvel para a oficina. Meus pais sempre tiveram esse tipo de atitude, não importando que problemas enfrentássemos, grandes ou pequenos, e nunca se mostraram negativos nem descontentes por causa de assuntos que fugiam ao seu controle.

Um dos principais motivos que me fazem amá-los tanto é sua maneira de ver o mundo – com tolerância, compreensão e aceitação de tudo o que a vida tem a oferecer de bom e ruim. São pessoas extremamente positivas, mesmo em meio à adversidade, e tento intensamente adotar essa qualidade e passá-la aos alunos.

Certa vez, fiquei sabendo que a diretora de uma escola onde eu havia trabalhado estava irritada comigo por causa de um comentário que fiz a seu respeito. Gosto de ver todas as pessoas felizes e detesto pensar que alguém está zangado comigo. Na verdade, não tinha intenção de me desculpar, pois não desejava que o que disse fosse entendido do modo como ela o compreendeu. Mas isso me incomodava. Quando pedi um conselho à minha mãe, ela me orientou a escrever uma carta ou ligar explicando a situação.

Decidi fazer as duas coisas. Primeiro escrevi a carta e depois telefonei. Nenhuma dessas tentativas funcionou, a diretora manteve-se fria e distante. Continuei incomodado e mais uma vez pedi um conselho à minha mãe. Sua resposta foi muito sábia: "Ron, você tirou a pressão dos seus ombros. Fez a coisa certa procurando reconciliar-se. Agora o peso não está mais com você, mas com ela. Se ela decidir viver com esse fardo, deixe-a, mas quero que pare de se preocupar com isso."

Minha mãe tinha razão. Não podemos permitir que as coisas nos incomodem a ponto de nos deixarem doentes. Precisamos compreender que há fatos que não podemos mudar e que algumas vezes não existem soluções fáceis. Temos que lidar com essas situações do melhor modo possível, tirar a carga dos ombros e seguir em frente.

Regra n.º 2

Viva de modo que nunca tenha motivos para se arrepender

Se houver alguma coisa que você queira fazer, faça! Nunca deixe que o medo, a dúvida ou outros obstáculos obstruam seu caminho. Se houver algo que deseje, lute por isso com todo o seu coração. Se houver algo que queira realizar, vá em frente e não pare antes de conseguir. Se houver algo que queira ser, faça o que for preciso para viver esse sonho.

Meu maior medo é vir a me arrepender do modo como vivi. Aos 21 anos de idade, fiquei sabendo que havia um membro da família que eu jamais conhecera. Então quis desesperadamente encontrá-lo, mas não conseguia reunir coragem para isso. Depois de muitos meses de covardia, finalmente fiz planos para ir vê-lo na segunda-feira seguinte, mas o homem morreu no domingo anterior. Fiquei absolutamente arrasado. A lembrança de todas as vezes em que me senti muito amedrontado para ir ao seu encontro voltaram em torrentes, e me culpei bastante por não ter tido coragem de procurá-lo. Nesse momento percebi que, apesar de não o ter conhecido, ele me ensinara uma grande lição: viver de modo que nunca lamente minhas escolhas e decisões.

Esse foi um dos principais motivos que me fizeram viver da maneira que escolhi. Antes da morte dele, sempre quis viajar, mas a idéia de entrar em um avião me apavorava. Depois do incidente, porém, percebi que nunca mais queria me arrepender de nada e comecei a viajar para lugares distantes: morei em Londres, atravessei a Europa com uma mochila nas costas e passei um tempo no Japão. Fico satisfeito por ter feito isso. Sei que, se revisse minha vida sem essas aventuras e viagens, sentiria que teria vivido pela metade.

Conto essa história, além de outras passagens parecidas aos meus alunos, porque quero que compreendam de verdade que precisam aproveitar a vida ao máximo sem deixar que nada os impeça de realizar seus sonhos.

Regra n.º 3

Aprenda com seus erros e vá em frente

Aceite que irá cometer erros. Tire lições deles e prossiga.

Somos todos humanos, portanto pais, professores e alunos farão igualmente coisas das quais irão se arrepender. Cometi erros no meu sétimo ano de ensino e tenho certeza de que os cometerei no trigésimo. Quando coisas assim acontecem, não podemos nos castigar por isso. Temos que nos erguer, aprender com a experiência e seguir em frente.

A turma de alunos que assumi no primeiro ano como professor era um grupo muito difícil de disciplinar. Para conseguir que prestassem atenção nas aulas, tive que dispor as carteiras de modo que Steve não conseguisse ver Bill, Aaron não visse Lakisha e assim por diante. Cheguei a colocar uma divisória no canto da sala, onde eu fazia os alunos extremamente arruaceiros ficarem de pé.

Certo dia, por volta das 13h30, mandei um menino chamado Jermaine ir para trás dessa divisória. Voltei a atenção inteiramente para a aula e continuei. Antes que eu percebesse, o sino tocou e era hora de os alunos irem para casa. Dei-lhes licença para sair e fiquei sentado à mesa, completamente exausto. Comecei a corrigir provas e, por volta das 15h15, ouvi um BUM!! Pulei da cadeira, olhei para o canto da sala e vi Jermaine deitado no chão. Ele havia se encostado na parede e caído no sono, depois deslizou e derrubou a divisória. Não sei quem ficou mais assustado, eu ou ele! Levantei-o e o levei para casa. Jurei que nunca mais colocaria ninguém ali.

Outro erro que cometi nesse ano envolveu uma professora da escola, a Sra. Bitterson, cuja sala ficava bem em frente à minha, do outro lado do corredor. Ela era bem mais velha, faltava pouco para se aposentar, e sem dúvida não aprovava meus métodos de ensino. Estava especialmente zangada comigo porque era professora da quarta série e achava que eu fazia a quinta série parecer divertida demais. Afirmava que seus alunos não conseguiam se concentrar porque ficavam com a atenção voltada para o que estava acontecendo na minha sala. Tivemos várias reuniões com a diretora sobre isso, mas nenhuma delas surtiu o efeito que a Sra. Bitterson esperava. Como a diretora aprovava minhas técnicas, a Sra. Bitterson sempre fazia algum comentário malicioso do tipo: "Eu sabia que você ia apoiá-lo, ele é o seu *menino de ouro!*" E acabava saindo de cada reunião ainda mais ressentida comigo.

Certa tarde, a Sra. Bitterson passou pela minha porta com sua turma e jogou uma bola de tênis na sala. Eu tinha formado uma equipe de tênis com meus alunos, e aparentemente havia esquecido uma das bolas no pátio. Ela esticou o pescoço para dentro da sala e disse:

– Sr. Clark, o *senhor* deixou isto no pátio, e um dos meus alunos poderia ter tropeçado e se machucado, e o *senhor* poderia ter ido parar no tribunal. Gostaria *disso?*

– Bem, a *senhora* acaba de jogar a mesma bola na minha sala de aula, e poderia ter atingido o olho de um dos meus alunos, e a *senhora* poderia ter ido parar no tribunal. Gostaria *disso?*

Agora percebo que foi uma péssima resposta e que eu devia ter lidado com a situação de forma bem diferente, pois estava prestes a entrar em uma terrível espiral de eventos com a Sra. Bitterson e não tinha a experiência necessária para saber como sair dela.

Nessa mesma tarde bateram à porta da minha sala de aula. Atendi, mas só o que vi foi um pacote verde no chão. Apanhei-o e o levei para dentro. Disse com um largo sorriso: "Olhem, crianças, alguém nos deu um presente." Quando o abri, mariposas e grilos pularam para fora, e minhocas, lesmas e outros bichos caíram no chão. O pacote estava na mesa de Tamarus, e a coitada da criança quase teve um ataque cardíaco, e, por pouco, eu também não tive um. O remetente não escreveu seu nome, ficou óbvio que era a Sra. Bitterson, que gostava de ciências e tinha todos os tipos de insetos e animais em sua sala. Meus alunos se consideraram igualmente agredidos e ficaram ansiosos por vingança. Garanti a eles que nosso dia chegaria e que daríamos o troco.

No dia seguinte, enquanto a turma da Sra. Bitterson estava no refeitório, meus alunos e eu pegamos uma cebola que tínhamos usado em uma experiência e a cortamos ao meio. Com cautela e uma astúcia comparável à de James Bond (cheguei a exagerar na representação para divertir as crianças), entrei furtivamente na sala da Sra. Bitterson e meti os pedaços de cebola atrás da primeira gaveta de sua mesa.

Passaram-se duas semanas e eu já tinha me esquecido completamente disso. Então, certo dia, notei que a Sra. Bitterson estava borrifando essência de morango em volta da mesa (Deus sabe que ela adorava aquele spray de morango). Entrei na sala e lhe perguntei o que estava fazendo. Ela respondeu no seu tom áspero habitual: "Alguma coisa está fedendo aqui e não consigo encontrá-la." A Sra. Bitterson adorava um algodoeiro que ficava pendurado acima da mesa. De pura crueldade, eu disse que talvez o mau cheiro estivesse vindo dele. Ela arremessou de volta estas palavras: "Você não sabe do que está falando, Menino de Ouro. Algodoeiros não fedem!" Na mesma tarde, a vi levando a planta para o latão de lixo. Parecia que ela estava começando a acreditar que eu tinha razão sobre a origem do cheiro. Eu continuei me divertindo com a piada até alguns dias depois, na hora em que estava saindo da escola para ir para casa. Ao me aproximar do meu carro, vi que ele tinha sido lambuzado com pedaços de cebola de um pára-choque ao outro. A bendita mulher finalmente encontrara a cebola.

Mas eu não ia deixá-la ter a última palavra. Removi a cebola do carro e a levei para casa. Fiz um caldo com os pedaços e o guardei em um recipiente. Na manhã seguinte, assegurei-me de ser o primeiro a chegar à escola. Peguei o caldo de cebola e o derramei no frasco de spray de morango da Sra. Bitterson. Depois o borrifei por toda a sua sala de aula.

Ao entrar na sala, ela parou abruptamente. Sabia que eu colocara a cebola em algum lugar, mas, por mais que tentasse, não conseguia descobrir exatamente de onde vinha o cheiro. Tive que segurar o riso a manhã inteira enquanto a Sra. Bitterson fazia as crianças virarem a sala de pernas para o ar, tentando encontrar a cebola. Durante todo esse tempo, ela corria de um canto a outro, vaporizando o "spray de morango" com todas as forças.

Foi só depois desse evento que uma professora da escola, a Sra. Zurich, me contou alguns fatos que eu não sabia sobre a Sra. Bitterson. Na verdade, ela era uma mulher muito gentil e generosa, mas por causa de certas coisas que haviam acontecido em sua vida deixara de ter o mesmo interesse e energia para ensinar. A Sra. Zurich disse-me que um dos motivos pelos quais a Sra. Bitterson não gostava de mim era que desejava ensinar exatamente como eu, no entanto não sabia como fazer isso. Ela também queria que as crianças gostassem dela, assim como todos nós, porém não descobria um jeito de fazer isso acontecer. Essa conversa de fato abriu meus olhos, e logo percebi que eu poderia ter usado diversos meios para transformar as experiências que tive com essa colega em algo positivo. Poderia ter trabalhado com ela, por exemplo, em um projeto de Ciências que envolvesse ambas as turmas. Vou admitir abertamente agora que essa é a matéria que tenho mais dificuldade em ensinar, e é certo que teria me beneficiado da ajuda da Sra. Bitterson. Eu também poderia ter pedido seu auxílio em outras coisas, como normalmente fazia com os demais professores. Poderia ter feito com que ela se sentisse útil. Poderia tê-la respeitado. Em vez disso, tornei pior uma situação ruim, mas aprendi com meus erros.

Vez por outra ocorrem conflitos entre professores, assim como entre quaisquer pessoas que trabalham juntas. Às vezes é melhor engolir um pouco do orgulho e acalmar a situação. Pedir ajuda ou orientação a um colega é um enorme elogio e também pode ser um bom meio de equilibrar relacionamentos tensos. Desde o caso da Sra. Bitterson, aprendi a reconhecer que todos os professores têm conselhos, habilidades e talentos que podem nos auxiliar a progredir como profissionais. Só precisamos aprender uns com os outros e cultivar o respeito mútuo.

O mau relacionamento que eu possa ter com outro professor apresenta uma conseqüência extra: o efeito que isso causa nos alunos. Um dia após nossa discussão, vi a professora Bitterson mandando um dos meus alunos parar de correr desenfreadamente pelo corredor. Ele simplesmente a olhou como se ela fosse maluca e continuou em disparada. É claro que o alcancei e lhe passei um sermão que ele não esqueceria tão cedo, mas o fato é que essa criança não tinha respeito pela Sra. Bitterson, e isso foi resultado da forma como eu a tratei e da opinião que tinha sobre ela.

Quando há tensão entre professores, os alunos a sentem e isso os deixa desconfortáveis. Hoje em dia, as crianças presenciam hostilidades demais e não deveriam ter que agüentá-las também na escola. O outro lado da questão é que, quando os professores se dão bem e gostam uns dos outros, os alunos sentem-se mais em paz e seu desempenho melhora. Minha colega Barbara Jones e eu nos entendíamos maravilhosamente. Estávamos sempre rindo, batendo as palmas das mãos e nos apoiando. As crianças adoravam ficar conosco e progrediam em nossa presença. É esse o tipo de ambiente que deveríamos criar para os estudantes.

Cometer erros faz parte da vida. E não importa o quanto sejamos velhos ou experientes, eles sempre ocorrerão. Mas uma coisa é certa: com o passar dos anos, erramos menos. Quanto mais tempo ensino, menos erros cometo e vou aprendendo a lidar melhor com as minhas falhas.

Erros acontecem. Devemos aceitar isso e aprender com eles.

Regra n.º 4
Seja honesto em qualquer situação

Não importam as circunstâncias, seja sempre honesto. Mesmo que tenha feito algo errado, é melhor me dizer. Assim, respeitarei isso e muitas vezes poderei até abrir mão de um castigo por causa da sua honestidade.

Honestidade. Essa é a chave para a criança passar um ano de sucesso em minha classe. No primeiro dia de aula, explico longamente aos alunos que às vezes vale a pena complicar-se um pouco dizendo a verdade para poder ter a consciência limpa. Digo a eles que é muito mais importante serem sinceros porque assim as pessoas confiarão neles e eles serão respeitados, e essas duas qualidades podem nos levar longe.

Sempre gosto de premiar a honestidade. Às vezes os alunos fazem coisas que me dão vontade de puni-los, mas não tomo essa atitude porque estão sendo honestos sobre o que fizeram. Para mim, essa é uma lição muito maior a ser aprendida.

Inicialmente as crianças são céticas e mentem descaradamente para se livrar de problemas, e muito tempo e paciência são necessários até que percebam que podem dizer a verdade e evitar uma punição mais severa se forem honestas.

Antoinkena era terrível e freqüentemente se metia em encrencas. A interação mais memorável que tive com ela foi no refeitório. Um grupo de alunos me contou que ela havia furado a fila, então fui aonde Antoinkena estava e lhe perguntei se era verdade. Sua boca respondeu "Não", mas seus olhos berravam "Sim!". Eu disse: "Está bem, vou lhe perguntar de novo e desta vez quero a verdade. Você furou a fila?" Outra vez sua resposta foi "Não". Eu poderia facilmente tê-la mandado voltar para o fim da fila, como punição, mas queria mais: queria que ela confessasse. Inclinei-me, fiquei no nível do seu rosto e olhei em seus olhos com toda a intensidade, dizendo: "Antoinkena, ninguém aqui vai comer antes que você admita que furou a fila." Bem, 15 minutos depois ela ainda estava parada ali e a essa altura havia três turmas de alunos furiosos e famintos atrás dela. Estávamos num impasse e eu sabia que precisava fazer alguma coisa. Decidi tentar uma última cartada. Olhei diretamente em seus olhos e afirmei: "Antoinkena Wallace, é melhor dizer a verdade e deixar que o Senhor a ame." Essa é uma expressão popular do Sul e produziu o impacto perfeito nessa aluna, que vinha de uma área onde a religião é parte essencial da vida de muitas crianças. Os olhos dela ficaram do tamanho de um pires. Então, rápida como um raio, confessou que havia furado a fila. Eu disse simplesmente: "Obrigado por dizer a verdade. Agora vá comer."

Acredite se quiser, gosto de trabalhar com alunos que tiveram problemas de comportamento no passado ou que estejam enfrentando muitas questões pessoais. Antoinkena certamente se encaixava nessa categoria e estabelecemos uma conexão instantânea. Eu admirava sua coragem, seu temperamento e sua determinação, enquanto outras pessoas ficavam horrorizadas com essas qualidades. Passei a protegê-la e a integrei na equipe de tênis que iniciei na escola. Em pouco tempo, seu comportamento começou a mudar e ela se tornou agradável e muito mais respeitosa com todos os professores. Nunca esquecerei a alegria que tive em trabalhar com Antoinkena e ver a diferença que pude fazer em sua vida. Ela será para sempre uma das minhas alunas preferidas.

Regra n.º 5
Carpe diem

> Carpe diem, *ou "Aproveite o dia". O dia de hoje só se vive uma vez, portanto não o desperdice. A vida é feita de momentos especiais, muitos dos quais acontecem quando você manda a cautela às favas e começa a agir e aproveitar todos os momentos.*

Essa regra parece muito semelhante à regra n.º 2, mas as vejo como duas coisas completamente distintas que merecem constar em tópicos diferentes. A regra n.º 2 refere-se à vida que desejamos viver. A regra *carpe diem* diz respeito a viver cada dia de forma plena, valorizando todos os momentos.

Meus alunos devem ouvir isso mil vezes por ano. Faz parte do que sou como professor e pessoa – é o modo como vivo e desejo que eles aprendam o quanto é importante aproveitarem ao máximo cada um dos seus dias.

Certa ocasião, levei um grupo de nove alunos do Harlem a Carolina do Norte por uma semana. Simplesmente os coloquei em um furgão e partimos em uma viagem que eu sei que mudou suas vidas para sempre. Antes de deixarmos Nova York, eu lhes disse: "Vamos aproveitar esta semana ao máximo. Vamos viver cada dia da maneira mais intensa e quero que façam tudo o que tiverem a chance de fazer na Carolina do Norte. Mesmo que seja novo, diferente ou assustador, quero que *vão em frente!*" Fizemos um pacto de que durante aquela semana todos viveríamos de acordo com a filosofia *carpe diem*, e eles não me decepcionaram. Crianças que tinham medo de altura escalaram paredes rochosas, crianças que jamais haviam estado na água aprenderam esqui aquático e crianças que nunca tinham experimentado carne de porco em um típico assado perguntaram se podiam comer a língua do animal... e comeram!

Foram dias frenéticos de aventura, diversão e novas experiências. Encerramos a semana em um parque de diversões. É verdade que não gosto de montanhas-russas, elas me metem medo. Estava prestes a romper o pacto por causa desse pavor, e seria exatamente eu que decepcionaria o grupo não cumprindo meu próprio conselho. Não havia jeito, estava simplesmente apavorado. Então um dos alunos me encarou e citou uma frase que eu lhe dissera muitas vezes antes: "Sr. Clark, é melhor tratar de viver ou então trate de morrer."

Eram minhas próprias palavras de volta na minha cara – e funcionaram. De repente me vi rodeado pelas crianças, entrando em todas as atrações. Eu nunca tinha gostado de parques de diversões até aquele dia, mas, por ter abandonado todo o medo e estar tratando de viver, adorei cada minuto. Estava vivendo. Naquela semana todos fizemos isso.

Como seria maravilhoso se tivéssemos, durante toda a vida, a liberdade de tentar coisas novas, experimentar o desconhecido e enfrentar nossos medos. Para muitos adultos é difícil ir adiante e arriscar-se, mas as crianças são mais dispostas a soltar as inibições e aproveitar a vida de verdade. Se pudermos ensinar-lhes a abraçar esse sentimento, talvez ele as acompanhe para sempre.

Regra n.º 6

Seja a melhor pessoa que conseguir ser

Tente ser o melhor ser humano que puder.

Certas vezes nos sentiremos solitários, em outras ocasiões nosso coração se partirá e a sensação será de que está faltando algo em nossa vida. Certa dose de dor e angústia é comum na vida de todos nós. Mas não importa o quanto as coisas estejam ruins, devemos fazer o possível para estar sempre evoluindo e nos tornarmos o tipo de pessoa que queremos ser e o tipo de pessoa que os outros desejam ter por perto.

É importante não deixarmos que fatores externos nos impeçam de desenvolver a pessoa que somos e a que estamos tentando ser. Precisamos garantir que em qualquer momento da vida tenhamos sempre sete coisas: risos, família, aventura, boa comida, desafios, mudança e busca por conhecimento. Com tudo isso, cresceremos, aproveitaremos a vida e nos tornaremos alguém de quem podemos nos orgulhar. Também estaremos em melhores condições de ajudar quem precisa, dar conselhos e aprender com nossos erros, pois seremos mais fortes, saudáveis e felizes.

Regra n.º 7

Defenda aquilo em que você acredita

Não aceite um não como resposta se o seu coração e a sua mente o estiverem conduzindo em uma direção com a qual você se identifica muito.

Não sou capaz de dizer quantas vezes na vida eu quis fazer

algo e todos ao meu redor se mostraram céticos, dizendo-me para não ir em frente. Uma das principais ocasiões foi quando quis me mudar para Nova York e dar aulas no Harlem. Meus pais e amigos insistiam que seria arriscado demais e que eu estava louco. Apesar disso, sentia intensamente que era o que devia fazer, portanto fui adiante e acabou sendo a melhor decisão que eu podia ter tomado.

Desejo que meus alunos tenham esse mesmo tipo de determinação e convicção. Quando pretenderem fazer alguma coisa ou se identificarem muito com uma causa, quero que tenham a coragem de defender suas crenças com confiança e lutar por seu objetivo.

Como professor, há ocasiões em que não apenas preciso lutar por aquilo em que acredito como também manter minha palavra. Quando comecei a dar aulas para minha primeira turma, lembro que apenas alguns alunos costumavam fazer a lição de casa todos os dias e eu sabia que precisaria inventar alguma tática para ensinar-lhes a ser mais responsáveis. Dei a cada um deles um minúsculo pedaço de papel azul e avisei que quem não o trouxesse de volta no dia seguinte ficaria de castigo uma hora após as aulas.

Sei que parece esquisito, mas foi exatamente por esse motivo que agi assim. Tinha que encontrar um meio de chamar a atenção deles e habituá-los à rotina das lições de casa – mesmo que fosse devolver um pedacinho de papel azul. Basicamente era uma tarefa sobre responsabilidade. É claro que as crianças não compreenderam a lógica que havia por trás dessa atribuição, porém as fiz temer o castigo e elas sabiam que eu não estava brincando.

Além disso, falei-lhes sobre como nossa turma era uma equipe e expliquei que aquela era uma tarefa que todos podíamos realizar juntos. Disse a elas: "Ninguém aqui quer ser o único aluno que esqueceu o pedaço de papel e nos impediu de ter um dia perfeito de lições."

No dia seguinte, todos os alunos trouxeram de volta seus minúsculos pedaços de papel. Quer dizer, todos exceto uma menina, Nancy. E ela era justamente a aluna mais brilhante e comportada da classe. Era uma garota tranqüila e gentil que sempre fazia as lições e hesitei em dar-lhe um castigo, mas toda a turma estava me observando para ver como eu lidaria com a situação. Se não a punisse, os alunos perderiam o respeito pela minha palavra. Não podia deixar de cumprir o que tinha prometido. Portanto, mandei-a para casa e ela se foi com os olhos cheios de lágrimas e uma notificação de castigo.

Quando cheguei à escola na manhã seguinte, minha tia Carolyn, que era a secretária, me informou que a mãe de Nancy estava no gabinete e pronta para brigar. Ao caminhar pelo corredor, fiquei me dizendo várias vezes: "Ron, o que você estava pensando? Foi ridículo dar um pedaço de papel azul como lição de casa!" Quando entrei no gabinete, a mãe de Nancy, Sra. Woodson, me fuzilou com um olhar de ódio e fiquei apavorado.

Começamos então uma reunião com a diretora, a Sra. Roberson, que deu a cada um de nós a oportunidade de se expressar. A Sra. Woodson foi a primeira a falar. Contou que Nancy chorara durante toda a noite por causa do castigo. Disse que a filha era uma aluna-modelo e nunca tivera problemas disciplinares. Achava que puni-la por perder um minúsculo pedaço de papel azul era absurdo. Era óbvio que estava furiosa e lá estava eu sentado, apavorado com o que iria acontecer. Em vários momentos, se a Sra. Roberson tivesse me pedido para falar, eu teria me debulhado em lágrimas como um bebê. Felizmente isso não ocorreu.

Depois de muito deliberar, a diretora sugeriu que Nancy recebesse uma tarefa extra de redação em vez de ficar de castigo, mas eu não concordei. Sabia que toda a turma estava esperando para ver se Nancy realmente ficaria de castigo e eu não podia retirar minha própria palavra. Foi feita outra sugestão: que

Nancy almoçasse um dia em silêncio em vez de receber o castigo. Mais uma vez me mantive firme. Finalmente, com o apoio da diretora, convencemos a mãe de Nancy de que a punição deveria ser mantida. É desnecessário dizer que a Sra. Woodson não ficou feliz com isso, mas era imprescindível que minha decisão fosse mantida.

Nancy ficou de castigo e tivemos uma seqüência de 23 dias sem que nenhuma criança deixasse de fazer todas as lições de casa. Estabeleci o desafio de vermos por quantos dias todos poderiam trazer todas as tarefas concluídas, e funcionou. Eu lhes disse que acreditava que eram capazes e torci por eles: pulava sobre as mesas, cantava e dançava sempre que todos chegavam com os trabalhos completos. Parte do motivo de agirem assim era o medo de receberem um castigo. Outros professores adotavam a mesma política, porém obtinham um sucesso bem menor. A chave para conseguir que as crianças se tornassem responsáveis e fizessem as lições foi o apoio que lhes dei e minha crença nelas. No entanto, isso não teria sido possível se eu não tivesse mantido a palavra sobre as conseqüências.

Às vezes é difícil defendermos aquilo em que acreditamos e pode ser muito solitário quando somos os únicos a ver uma questão de determinada forma. Tudo o que espero é poder inspirar meus alunos a terem confiança no que são e em suas opiniões, para que disponham de coragem para lutar por suas crenças, suas idéias e seus sonhos.

Regra n.º 8

Responda aos adultos respeitosamente

Nos seus contatos com professores e em situações formais que envolvam adultos e pessoas idosas, você sempre deve responder "Sim, senhora" ou "Não, senhor". Nesses casos é inaceitável apenas acenar com a cabeça ou dizer sim ou não de qualquer outra maneira. Claro que isso não é necessário quando estiver respondendo a adultos com quem tem intimidade, como parentes e amigos de seus pais.

Como fui criado no interior da Carolina do Norte, essa regra me vem naturalmente e parece que é a opção óbvia para estar entre as primeiras. Sinto que é uma das mais importantes da lista, pois dá o tom para o tipo de respeito que espero dos alunos. Se quisermos que as crianças nos respeitem, precisamos fazer com que elas saibam disso. Somente o fato de lhes dizermos que desejamos que elas nos chamem de "senhor" é suficiente para deixar claro o modo como esperamos ser tratados. Também digo aos alunos que essa é uma ferramenta muito útil para lidar com adultos. Além disso, é bastante apropriada nas interações entre os próprios adultos. Um caso típico: certa vez eu estava em uma ligação com a companhia telefônica, discutindo incorreções que tinha detectado na minha conta, e a funcionária com quem estava falando não se mostrava prestativa, parecia aborrecida. Então, no meio da conversa, inseri um "Sim, senhora", e toda a sua atitude mudou. Ela se tornou muito mais solícita e fácil de lidar. No fim, acabou reduzindo a conta pela metade, o que era mais do que eu havia pedido.

Doze dos meus alunos no Harlem foram entrevistados para terem a oportunidade de freqüentar um colégio de alto padrão.

A escola só tinha trinta vagas para o ano seguinte, e eles estavam entre as muitas crianças de toda a cidade que se candidataram a esses lugares. Enquanto os treinava para a entrevista, um dos principais pontos que enfatizei foi "Nunca se esqueçam de dizer 'Sim, senhora' ou 'Não, senhor', aconteça o que acontecer!". Semanas depois, tive o prazer de saber que todos eles haviam sido aceitos. Quando falei com o diretor de admissão da escola, seu principal comentário, o qual ele repetiu diversas vezes, foi sobre a cortesia que meus alunos demonstraram nas entrevistas. Parece uma coisa simples demais, mas dá resultados.

Regra n.º 9
Faça contato visual

Quando alguém estiver falando com você, mantenha os olhos nele ou nela em todos os momentos. Se outra pessoa fizer um comentário, vire-se e olhe para ela.

Manter contato visual é algo que muitas pessoas consideram difícil, mas é importante quando estamos expondo nosso ponto de vista a alguém e tentando transmitir-lhe sinceridade. Por exemplo, ao pedirmos um aumento, é mais provável que o chefe nos leve a sério se o olharmos nos olhos do que se baixarmos a vista. Se estivermos apresentando uma proposta de negócios, é mais fácil que as pessoas confiem em nós e acreditem em nossas idéias se virem que estamos confiantes, seguros e fazendo contato visual com elas.

Passo muito tempo incentivando os alunos a adotarem essa prática. Para treiná-los, organizo-os em grupos de dois. Explico a eles que o ato de fazermos contato visual quando estamos afirmando algo dá mais ênfase e emoção às nossas palavras. Olharmos para os lados ou para o chão mostra que não estamos seguros e que provavelmente não estamos dizendo a verdade. Quando estão em grupos, oriento-os a treinar falando uns com os outros e prestando atenção no quanto estão sendo eficazes em manter contato visual com seus parceiros.

Fazer contato visual não é só um modo de manifestar confiança, é também uma importante demonstração de respeito. Na classe, quando um aluno está expressando uma opinião, verifico se os demais se viraram e estão olhando para ele. Não permito que levantem a mão para fazerem comentários antes que aquela pessoa termine de falar, pois assim pareceria que estão mais preocupados com o que querem dizer do que com as opiniões do colega. Peço-lhes que imaginem como seria se eles estivessem tentando expressar um pensamento e todos à sua volta ficassem acenando – provavelmente teriam a sensação de que suas opiniões não estão sendo valorizadas. Portanto, não devemos agir dessa maneira.

Lembro-me de que, quando estava na escola, era extremamente difícil ficar sonhando acordado enquanto encarava o professor. Se eu começasse a olhar para a cabeça à minha frente ou para o meu lápis, até conseguia devanear, mas observar o professor cortava o embalo. Portanto, observo se todos os olhos estão voltados para mim a toda hora. Desse modo, enquanto ensino consigo ver a expressão no rosto dos alunos e identificar se estão confusos e perdidos ou interessados e atentos. Como sou um estudante e professor que utiliza muito o recurso visual, faço movimentos constantes com as mãos e no quadro-negro e quero que as crianças me acompanhem e saibam exatamente do que estou falando.

Trabalhei bastante tempo em restaurantes e sei que atender o público pode ser uma tortura quando temos que lidar com clientes difíceis. Lembro-me de que gostava que as pessoas me olhassem nos olhos quando faziam o pedido. É mais respeitoso olhar no rosto de alguém. Quando os clientes iam embora, eu sempre esperava que me agradecessem, porém muitos deles não faziam isso, o que me deixava perplexo. O que estavam pensando? Vários dos que diziam "obrigado" só se manifestavam quando já estavam me dando as costas para deixar o lugar. Por que não dedicarmos um segundo para olhar nos olhos da pessoa e agradecermos com sinceridade?

Na escola, procuro fazer com que os alunos pratiquem isso com vários adultos que não são professores. Muitas vezes, zeladores, funcionários da lanchonete, secretárias e auxiliares de ensino não são considerados dignos do respeito dedicado aos professores, e dou duro para mudar essa imagem na cabeça das crianças. Explico a eles o papel de cada funcionário que está ali e como seu serviço torna possível que elas recebam uma ótima educação. Digo-lhes que as pessoas trabalham mais e com maior dedicação quando sentem que são valorizadas e que fazem alguma diferença.

Procuro tornar meu comportamento um modelo do tipo de atitude que espero, por isso interajo com todos os membros da equipe de modo amigável e respeitoso. Em pouco tempo, os alunos começam a seguir meu exemplo, e os resultados são evidentes. No refeitório, eles não têm permissão para conversar na fila. Se querem pedir alguma coisa quando estão recebendo a comida, olham nos olhos dos funcionários da lanchonete e perguntam: "Posso?" Depois, agradecem a essas pessoas e lhes desejam um bom-dia. Os funcionários costumam comentar como a turma é maravilhosa e o quanto eles ficam gratos pelo respeito.

Não importa como interagimos com as pessoas ao nosso redor nem o que estamos dizendo, seremos levados mais a sério e nossas ações serão muito mais valorizadas se vierem acompanhadas de contato visual.

Regra n.º 10

Respeite os comentários, as opiniões e as idéias dos outros alunos

Durante uma discussão, demonstre respeito pelos comentários, opiniões e idéias dos colegas. Se possível, use frases como "Concordo com Walter e também acho que...", ou "Discordo de Sara. Ela mostrou um ponto interessante, mas penso que...", ou "Victor fez uma excelente observação, e com isso percebi...".

Para mim, essa regra deveria vigorar em todas as assembléias, em todas as reuniões de trabalho e em todos os jantares de família. Muitas vezes, desconsideramos os comentários alheios e não criamos o tipo de clima que permite a alguém falar livremente e expressar seus pensamentos e suas opiniões. É comum as pessoas se preocuparem com o que os outros vão pensar das suas idéias e imaginarem que serão ridicularizadas ou depreciadas e que seus pontos de vista não serão levados em conta. Creio que há centenas de vezes por dia em que a melhor idéia da sala de aula não é ouvida ou até mesmo nem é expressa.

Eu sabia que não queria esse tipo de ambiente na minha classe, portanto desenvolvi com as crianças um sistema capaz de criar um clima de apoio e não ameaçador. Desejava mais do que apenas uma turma em que os alunos tivessem permissão para dar opiniões: queria que seus pensamentos e idéias se desdobrassem em discussões em que todos os pontos de vista fossem valorizados. Para que isso pudesse acontecer, descobri que era preciso ensinar aos estudantes, passo a passo, como dizer uns aos outros que concordam ou discordam dos comentários dos colegas de um modo que demonstre respeito e apoio.

A primeira orientação que dou aos alunos é: nunca vamos

rir nem zombar dos comentários de ninguém. Cada pessoa ali pode contribuir de alguma forma. Portanto, para que nossa turma seja a melhor possível, precisamos ouvir as opiniões e as idéias de todos. Explico a eles que é correto discordar e que é humano não concordar com todos a respeito de tudo. Mas destaco que existe uma maneira certa e uma maneira errada de expressarmos os sentimentos. Nós não somos todos iguais: temos diferentes dons, diferentes experiências e percorremos diferentes caminhos. Não há como conhecermos todas as coisas que formam o conjunto de idéias de alguém. Por isso, devemos apenas considerar as posições alheias sem sermos condescendentes nem fazermos os outros acharem que seu modo de pensar não está certo.

Na minha sala de aula nos dedicamos muito a esse treinamento. Para muitos estudantes, é como se fosse a primeira vez que estivessem ouvindo as declarações de outras pessoas e avaliando suas opiniões. Posso dizer e repetir a um aluno o quanto aprecio algo que ele disse ou que sua observação a respeito de determinado assunto foi muito sagaz. No entanto, quando um dos seus colegas se vira e afirma "Nossa, essa foi uma grande idéia! Eu não tinha pensado nisso", essa atitude tem um imenso valor para sua auto-estima e autoconfiança. É muito parecido com a sensação maravilhosa que temos quando ouvimos um elogio da nossa mãe, mas o significado é ainda maior para nós quando os comentários positivos e a aceitação partem dos nossos colegas.

Depois de alguns meses no Harlem, comecei a notar uma diferença nos alunos da minha turma, e não fui o único. Pessoas que visitavam a escola e observavam minha classe sempre comentavam o quanto as crianças eram educadas e como sempre procuravam incentivar umas as outras. Ficavam admiradas de ver o quanto os alunos apreciavam discutir idéias e como todos eles valorizavam os comentários e as opiniões dos colegas. Eu mesmo percebi essa mudança de várias maneiras. Lembro-me de que, quando comecei a ensinar no Harlem, tentei fazer com que os estudantes me ensinassem a pular corda de um jeito mais difícil, uma modalidade em que a pessoa tem que saltar sobre duas cordas em vez de uma. No começo, eles não me incentivaram muito – quando eu tentava pular, não me davam orientações nem chances extras. Concediam-me somente duas tentativas e depois me mandavam para o fim da fila.

Percebi que todos os estudantes respeitavam o aluno que fosse bom em pular corda. Essa habilidade era um importante símbolo de status. Portanto, se eu conseguisse demonstrá-la, ganharia pontos com as crianças. Tentei repetidas vezes, mas em todas as ocasiões eles simplesmente riam de mim. Parecia que nem queriam me dar uma oportunidade, pois sabiam que eu levaria tempo demais para aprender ou que jamais conseguiria. Ainda assim, dia após dia, eu estava lá tentando. As cordas costumavam bater no meu rosto e eu era o próprio desajeitado saltando para lá e para cá, procurando acertar. As crianças diziam que eu parecia um cavalo pulando para cima e para baixo. Por fim, após alguns meses, comecei a notar uma mudança nos alunos. Eles não apenas começaram a incentivar mais uns aos outros na sala de aula como também se mostraram mais compassivos e atenciosos fora da classe.

Depois de três meses de tentativas, quando eu já estava quase entregando os pontos, uma corda me atingiu na testa e comecei a sangrar. Achei que meu tempo de aprendizado frustrado havia terminado, mas as crianças me cercaram, dizendo que acreditavam em mim e que eu teria sucesso. Começaram a bater as cordas devagar e a me dar instruções e conselhos, além de torcerem por mim. Uma menina me explicou: "Primeiro, o senhor tem que parar de pular como um cavalo. Pule assim." Cada aluno queria me mostrar sua própria técnica, e tornou-se evidente que todos eles estavam preocupados com o fato de eu conseguir ou não. Certo dia, dei o salto inicial para entrar entre as cordas esperando levar a costumeira pancada no rosto, mas alguma coisa aconteceu. Consegui entrar! Eu estava ali pulando direitinho entre as cordas. Como tinha conseguido entrar, poderia ficar saltando por algum tempo. Passei cerca de trinta segundos pulando sem parar e berrando a plenos pulmões: "Entrei! Entrei!" Todas as crianças do pátio vieram correndo para ver e começaram a torcer: "Vai, Sr. Clark! Vai, Sr. Clark!" Elas estavam vibrando tanto quanto eu, e nosso relacionamento melhorou imensamente depois disso.

Muitas vezes, quando estava tentando ensinar assuntos difíceis e as crianças achavam que não seriam capazes de aprender, eu dizia: "Escutem! Eu não imaginava que conseguiria pular a corda dupla, mas vocês acreditaram em mim, me apoiaram e eu tive sucesso. Agora vocês pensam que não saberão fazer este trabalho, mas eu acredito em vocês, estou aqui para mostrar que tenho fé nas suas habilidades e sei que terão êxito." Isso de fato abria seus olhos. Elas costumavam dizer às pessoas: "O Sr. Clark nos apóia quando precisamos dele e nós o apoiamos quando ele precisa de nós, porque às vezes ele precisa de nós e também lhe ensinamos coisas." Criar o tipo de ambiente onde todos se apóiam mutuamente e mostram consideração pelas idéias e habilidades dos colegas faz uma enorme diferença na sala de aula e em qualquer outro grupo de pessoas que estejam tentando trabalhar juntas.

Regra n.º 11

Quando ganhar, não se vanglorie. Quando perder, não mostre raiva

Se você ganhar um jogo ou fizer alguma coisa muito bem, não se gabe. Caso perca, não demonstre irritação. Ao contrário, diga algo como "Gostei da partida e seria ótimo jogar com você outra vez" ou "Bom jogo!". A outra opção é ficar calado. Expressar raiva ou sarcasmo do tipo "Eu não estava mesmo jogando para valer, você nem é tão bom assim" revela fraqueza.

Sempre digo aos alunos que as pessoas reconhecem quando alguém é bom em alguma coisa. Ninguém precisa ficar falando dos seus talentos, pois assim será visto de uma maneira negativa e suas habilidades serão ignoradas. É óbvio que muita gente tem dificuldade em compreender isso, pois parece que vivemos em uma cultura em que todos querem exibir seus feitos e aptidões.

Eu fui um grande fã de certo astro rapper do cinema e da TV. Admirava seu grande talento e gostava muito do seu trabalho. Depois, porém, cada vez que o via na TV ou lia a seu respeito em uma revista, percebia o quanto ele era convencido e capaz de dar declarações tentando se mostrar como o maior artista do mundo. Isso realmente me desapontou, por isso não pago mais para assistir a qualquer coisa de que ele participe. O lamentável é que todos reconhecem o talento desse cantor, não era preciso que ele o anunciasse aos quatro ventos.

Não desejo que isso aconteça com meus alunos. Quaisquer que sejam suas habilidades, quero que eles se mantenham confiantes, porém humildes. Na Carolina do Norte, todos os anos eu fazia com que participassem de uma liga de basquete. No fim de cada temporada, eles votavam no jogador que tivessem considerado o melhor na quadra. Havia um menino chamado Draymond que era de longe o melhor. No entanto, ele sentia a necessidade de regularmente lembrar a todos o quanto era bom. Quando chegava o momento da eleição, ficava furioso por não ser apontado como o número um. O prêmio sempre ia para alguém mais modesto e que realmente gostava de jogar em um time.

Explico aos alunos que às vezes as pessoas têm dificuldade de se segurar e não mencionar suas habilidades, mas que, quando elas agem com modéstia, suas aptidões sempre parecem muito maiores no momento em que são percebidas por alguém. Draymond não precisava contar a todos o quanto era bom no basquete, isso era óbvio. Devia apenas ter se concentrado em jogar da melhor forma possível e deixar seu desempenho falar por si mesmo. Essa é a mensagem que tento transmitir às crianças.

Também passo bastante tempo falando com elas sobre como perder com elegância. Uma das coisas que mais me aborrecem é quando alguém perde uma partida e diz algo como "Eu não estava mesmo jogando para valer" ou "Deixei você ganhar esta".

Meu pai, Ronnie Clark, é bom em todo tipo de competição que se possa imaginar. Joga bem dardos, sinuca, baralho e por aí vai. Mas ele já teve o azar de perder para mim. É verdade que isso não acontece com freqüência, mas acontece. Sempre procurava dar o melhor de mim nessas disputas. Porém, depois de cada vitória minha, ele sempre fazia comentários como "É, não me esforcei nesse jogo com você" ou "Não pensou que eu estava tentando, pensou?". Isso me deixava maluco! Agora, depois de muitas frustrações, temos uma regra em casa que também ensino na sala de aula: em qualquer competição, sempre tentaremos fazer o melhor e nunca daremos uma desculpa sobre o motivo de perdermos para alguém. Isso deixou as coisas muito mais agradáveis entre todos e os jogos se tornaram bem mais divertidos e tranqüilos. Quase atingimos o ponto em que não importa quem ganha ou perde, porque sabemos que estamos nos esforçando para fazer o melhor e apreciamos o empenho uns dos outros qualquer que seja o resultado do jogo.

Regra n.º 12

Quando lhe fizerem uma pergunta, responda e faça uma pergunta de volta

Se lhe fizerem uma pergunta durante uma conversa, você deve responder e depois também fazer uma pergunta. Por exemplo:
– Teve um bom fim de semana?
– Tive, sim, foi muito divertido. Minha família e eu fomos ao clube. E como foi o seu fim de semana?
É sempre uma atitude educada mostrar às pessoas que você está tão interessado nelas quanto elas em você.

Essa é uma habilidade que às vezes levamos tempo para aprender. Na verdade, conheço muitos adultos que ainda precisam dominá-la e, honestamente, acredito que vários deles jamais serão capazes de fazer isso. Digo às crianças que, quando estiverem conversando com alguém, elas devem ter a preocupação de não monopolizar o diálogo. Todos nós já encontramos aquele tipo de pessoa que fala sem parar e não desejo que nenhum dos meus alunos venha a se tornar um adulto assim. Quero que compreendam que serão muito mais apreciados e dignos de respeito se perguntarem pelas idéias e opiniões alheias. É apenas um modo fácil de fazer com que as pessoas saibam que nos interessamos pelo que são e pelo que têm a dizer.

Quando os alunos entram na sala de aula nas segundas-feiras, eu normalmente os cumprimento com um bom-dia e pergunto como foi o seu fim de semana. Às vezes alguém responde "Ótimo, Sr. Clark, fui à praia com meus primos" e depois sai correndo em direção à carteira. Sempre chamo o aluno de volta e digo: "Ei, acabo de demonstrar interesse pelo que você fez no fim de semana, e você, em vez de expressar a mesma cortesia em relação a mim, saiu correndo para o seu lugar. Vamos fazer isso de novo. Como foi seu fim de semana?" Então a criança responde e me pergunta como foi o meu fim de semana.

Fazer perguntas também é um recurso muito útil quando estamos sendo entrevistados. Na ocasião em que meus alunos do Harlem foram às entrevistas para conseguir vagas na Manhattan East, um colégio do ensino médio desafiador do ponto de vista acadêmico, o coordenador de admissão lhes pediu que mencionassem alguns dos seus autores favoritos. Muitas das crianças disseram que, depois de citar seus escritores prediletos, também perguntaram ao entrevistador: "E o senhor, está interessado em ler os livros de algum autor em especial?" Isso demonstra um nível de consciência mais alto por parte da criança e sua percepção de que a outra pessoa também tem interesses, como a leitura. Essa orientação se aplica não apenas a entrevistas como também a qualquer conversa.

O objetivo dessa regra é fazer com que as pessoas saibam que nos interessamos por ela e sempre podemos ver os resultados que isso proporciona. Quando comecei a trabalhar na Carolina do Norte, tirava um tempo para conversar com os alunos sobre os seus interesses. Perguntava-lhes de que coisas eles gostavam, o que não apreciavam e o que faziam para se divertir. Queria que soubessem que eu me preocupava com quem eram e que não estava ali só para lhes ensinar lições de livros.

Lembro que no meu primeiro ano de ensino havia um aluno chamado Jayson que ia dar uma festa de aniversário no trailer dos avós em um fim de semana. Ele convidou a mim e quase todos os outros professores da escola. Depois, perguntando aqui e ali, descobri que nenhum dos meus colegas estava disposto a ir. Eu, no entanto, disse a Jayson que estaria lá. Mesmo assim, a cada cinco minutos, uma criança me perguntava se eu iria mesmo. Naquele sábado, embora acreditasse que os havia convencido da minha intenção, acredito que nenhum aluno esperava ver meu carro se aproximando na margem da estrada.

Quando cheguei, todos me cercaram como se eu fosse uma espécie de celebridade. Brincamos de estátua, de pique e nos divertimos incrivelmente. Aquela festa contribuiu muito para o desenvolvimento da minha relação com as crianças e para que elas passassem a confiar em mim. Na segunda-feira seguinte, quando lhes pedi que se comportassem e prestassem atenção na aula, seus olhares estavam diferentes. Elas me respeitaram e me escutaram. Há muitas maneiras de demonstrarmos interesse pelas pessoas – ouvindo-as atentamente, manifestando solidariedade e até fazendo esforços especiais para mostrar que nos preocupamos com elas –, mas o essencial é que isso sempre dá resultado.

Regra n.º 13

Agradeça sempre que receber algo

Sempre agradeça quando eu lhe der algo. Se você não agradecer até três segundos depois de receber o objeto, eu o tomarei de volta. Não há desculpas para deixar de manifestar gratidão.

Essa regra é extremamente importante. Não sei dizer quantas vezes tive que tirar algo das mãos de um aluno que se esqueceu de agradecer. A turma sempre se surpreende no começo do ano ao ver o que ocorre quando distribuo biscoitos no almoço ou notas de aprovação nos deveres de casa e alguém deixa de dizer "Obrigado". Tomo o objeto de volta, e as crianças realmente acreditam que estou só brincando e que vou esperar alguns segundos para lhes dar uma segunda chance. Isso nunca acontece. Para que essa regra funcione é preciso reforçá-la, o que às vezes é difícil.

Certa vez uma aluna e outras quatro crianças ganharam uma coleção de livros por terem tirado a maior nota em uma prova. A menina estava tão emocionada que pulava para lá e para cá. Outros estudantes rapidamente perceberam que ela se esquecera de agradecer. Partiu meu coração, mas tive que lhe tomar os livros. Uma vez que eu estava comprometido com a regra, não podia voltar atrás – precisava permanecer coerente. As crianças compreendiam e raramente se queixavam quando eu tirava algo delas nessas situações. Sabiam que era uma regra e já no primeiro dia eu explicara claramente como funcionava.

Certa ocasião, conversei com uma professora do ensino médio em um colégio da Carolina do Norte. Ela me procurou dizendo que queria me conhecer havia algum tempo. Contou que muitas vezes organizava comemorações e premiações para seus alunos do último ano e que havia um grupo de estudantes na sua classe que sempre fazia questão de agradecer. Uma vez, quando os elogiou por sua educação, eles lhe disseram que *tinham* que ser educados porque seu professor da quinta série os treinara para isso. A professora mencionou ainda uma história contada por um deles. O menino disse que um dia ganhou um pirulito, mas, antes que pudesse começar a saboreá-lo, o Sr. Clark o tomou de volta porque ele se esquecera de agradecer. Em seguida, o Sr. Clark pôs o pirulito na boca e voltou à aula com um largo sorriso. Isso se fixou em sua lembrança e ele jurou que jamais deixaria de dizer obrigado.

Na minha vida cotidiana, faço questão de agradecer à pessoa com quem estou tratando – ao balconista, à garçonete, a alguém que segura a porta para eu passar, ao amigo que me presta um favor, isto é, a qualquer pessoa que realize algo por mim, não importa se o gesto tem muita ou pouca importância. Na escola do Harlem, às vezes o zelador passava o esfregão nas salas de aula e as limpava durante o turno da noite. Era sempre uma surpresa agradável chegar de manhã e ver tudo limpo, por isso eu fazia questão de lhe agradecer várias vezes pelo serviço bem-feito. Ele costumava se mostrar admirado por eu demonstrar gratidão, afinal estava simplesmente fazendo seu trabalho. Mas eu tinha certeza de que ele apreciava isso e comecei a perceber que minha sala estava sendo limpa com uma freqüência muito maior.

Quando eu pegava o metrô para trabalhar em Nova York, tinha que enfrentar uma longa fila às segundas-feiras de manhã para comprar os bilhetes da semana. A vendedora sempre parecia ter acabado de engolir um limão, e eu detestava ter que lidar com ela. Essa mulher *jamais* falava com alguém, estava sempre de cara feia. Pegava o dinheiro e empurrava os bilhetes para as pessoas. Bem, decidi que eu conseguiria fazer com que ela fosse amável comigo. Todas as vezes eu a cumprimentava com um bom-dia, sem resposta. E terminava com um "Obrigado", também sem resposta. Mesmo assim, continuei fazendo isso, apesar de, na verdade, só querer dizer: "Com licença, você está consciente de que é a pessoa mais grosseira da face da Terra?" Certo dia, depois de várias semanas nessa situação, ela respondeu "De nada" quando eu disse "Obrigado". Quase caí de susto. A pessoa que estava atrás de mim na fila aproximou-se do guichê para fazer o pedido, mas dei um salto de volta e perguntei:

– O que você disse? – Ela pareceu pasma e respondeu:

– De nada – e sorriu para mim.

Dali em diante minhas experiências no metrô às segundas-feiras foram agradáveis... bem, tão agradáveis quanto podem ser experiências matinais no metrô às segundas-feiras.

Regra n.º 14

Surpreenda as pessoas com atos de bondade

Pelo menos uma vez por mês, saia da rotina para fazer algo surpreendentemente bom e generoso por alguém.

Todas as crianças adoram essa regra – ela realmente soa como uma boa idéia e também promete ser muito divertida. O problema é que essa é uma das normas que as pessoas têm mais dificuldade em seguir. No dia-a-dia ficamos tão ocupados e envolvidos com nossas preocupações que quase não nos sobra tempo para pensar em uma surpresa para alguém. Normalmente, só saímos da rotina para fazer isso quando se trata de um aniversário ou de uma ocasião especial. Mas eu creio que o melhor momento para organizarmos uma bela surpresa é justamente quando ela não está sendo esperada. Desse modo, a pessoa sabe que aquilo não foi feito por obrigação e sim pelo simples prazer de agradar.

Os tipos de surpresa de que estou falando são mais do que simplesmente dar um presente a alguém – elas precisam ser mais estudadas e significativas. Por exemplo, reservando um tempo para organizarmos um lanche bem incrementado – com salgadinhos, pastas, bolos, biscoitos, refrigerantes e sucos – e servi-lo no local de trabalho. Podemos decorar a mesa com flores e pôr uma música suave para tocar ao fundo. Depois convidamos os colegas a fazerem uma pausa e saborearem o lanche que lhes preparamos. Se temos vizinhos que moram em casas, uma maneira de surpreendê-los é aparar os arbustos do quintal deles enquanto estiverem no trabalho. Aos meus alunos dou as seguintes sugestões: limpar seu quarto, aspirar o pó da casa ou lavar a louça sem que lhes peçam, ler para um vizinho idoso e levar flores para alguém. As oportunidades estão em toda parte.

Esse meu desejo de surpreender as pessoas vem do modo como meus pais se dedicavam constantemente a criar surpresas para minha irmã e para mim. Lembro que os via sair da rotina para realizarem coisas gentis e inesperadas para nós, o que fazia com que me sentisse especial e amado. Prometi a mim mesmo que, quando fosse mais velho, agiria de modo semelhante com todos ao meu redor. Quando me tornei professor, passei a gastar centenas de dólares por mês com livros, prêmios e muitas outras coisas para os estudantes. Pequenos gestos como esses eram valorizados por eles, mas então algo aconteceu. Com meus alunos, dei início a um projeto que me causou a maior de todas as surpresas. Ela mudou para sempre a minha vida e as vidas dessas crianças.

Tudo começou quando eu estava dando uma aula sobre o funcionamento de um jornal. Os alunos tiveram dificuldade em compreender a parte dos anúncios classificados. Decidi fazer com que publicassem seu próprio anúncio no jornal da cidade e pedi que cada estudante trouxesse cinco centavos como contribuição para os custos da publicação, pois queria que todos se sentissem donos do projeto. Na hora de inventar o anúncio discutimos várias idéias e decidimos colocar no jornal um enigma geográfico, pedindo aos leitores que nos escrevessem dando a resposta. O primeiro enigma dizia: "Qual é a maior ilha do mundo? Se souber a resposta, por favor escreva para nossa turma." Incluímos o endereço da escola e esperamos ansiosamente para ver se alguém responderia. Para nossa surpresa, recebemos dez cartas de moradores da região. Os alunos adoraram, pois nenhuma delas continha a resposta certa. Assim, eles puderam escrever a cada pessoa dando a solução: Groenlândia.

As crianças ficaram tão entusiasmadas com as cartas que decidimos colocar outros enigmas em jornais de todo o estado. O projeto tornou-se cada vez menos uma lição sobre os classificados – o mais importante passou a ser o que os alunos estavam aprendendo com as pessoas que nos respondiam. Para obtermos mais respostas, participamos de desfiles com cartazes em que pintamos perguntas acompanhadas de um pedido para que as respostas fossem enviadas à nossa escola. Distribuímos folhetos nos supermercados e até propusemos um enigma em um programa de rádio. Em pouco tempo começamos a receber dúzias de cartas por dia de moradores de todo o estado. Meus alunos, em nossa pequena cidade de seiscentos habitantes, estavam aprendendo sobre a vida fora dali. Todo o processo foi essencial para essas crianças cuja experiência de vida praticamente se limitava à nossa comunidade.

Os alunos estavam adorando isso e, certo dia, um menino chamado Luke disse: "Sr. Clark, estive pensando que devíamos espalhar esse projeto pelo *mundo todo*." Ele queria dizer que deveríamos colocar um enigma em um jornal de circulação mundial. Achei uma boa idéia. Pedi a Luke que fosse à administração da escola para ligar ao *USA Today* e descobrir quanto custaria um anúncio de 10 x 12,5 cm nesse jornal.

Quando ele voltou, pôs as mãos na cintura e me informou com toda a seriedade: "Sr. Clark, é melhor se sentar." Prosseguiu dizendo que custaria 12 mil dólares. Fiquei admirado com o preço de um anúncio tão pequeno só por um dia. Após muitas discussões com as crianças, expliquei-lhes que seria impossível arrecadarmos tanto dinheiro. Mas elas não estavam dispostas a desistir tão facilmente. Imploraram que as deixasse tentar e logo começamos uma campanha para conseguir a quantia necessária. Eu disse que participaria de qualquer iniciativa que nos ajudasse a levantar recursos: venda de bolos e doces ou *qualquer outra coisa*, desde que não fosse lavar carros, porque detesto isso. E, no entanto, lavar carros foi exatamente o que fizemos no sábado.

Semanas depois, nossas "criativas" estratégias de ganhos ainda não tinham nos levado muito longe. Foi quando recebi uma ligação do *USA Today*. Uma editora do jornal me informou que alguém vira minha turma na TV tentando conseguir o dinheiro e que essa pessoa queria doar os 12 mil dólares para a publicação do anúncio. Imediatamente lhe perguntei o nome do doador e ela me disse que ele queria ser conhecido apenas como "Papai Noel". Faltavam vinte dias para o Natal, portanto parecia um título adequado para um colaborador tão generoso. Corri até à classe e contei às crianças que alguém nos doara o dinheiro do anúncio. Elas comemoraram loucamente e depois perguntaram quem tinha nos ajudado. Respondi com um riso: "Papai Noel." Acabamos decidindo publicar o seguinte anúncio:

> ATENÇÃO, PRESIDENTE CLINTON E PESSOAS DO MUNDO TODO
> O que mata mais gente a cada ano do que Aids, abuso do álcool, acidentes de carro, assassinatos, suicídios, drogas ilegais e incêndios juntos?

Os alunos criaram esse texto e fiquei um pouco preocupado por causa da resposta, pois, afinal, somos de um estado que produz muito tabaco e eu não queria pisar nos calos de ninguém. Mencionei isso às crianças. Foi quando uma menina, Carmela, fez o seguinte comentário: "Sr. Clark, só porque somos deste estado não quer dizer que não podemos ter nossas próprias opiniões." Seu ponto de vista fazia sentido.

Acrescentamos nosso endereço e número do fax no anúncio e esperamos ansiosamente pelas respostas. Como na época ainda não tínhamos acesso à Internet, não pudemos incluir um endereço eletrônico.

No dia em que o anúncio saiu nem consegui um exemplar do jornal, pois o *USA Today* não é entregue na nossa região. Mas as repercussões do anúncio foram grandes: antes mesmo que eu chegasse à escola, já tínhamos recebido mais de cem faxes. Quando cheguei à escola, minha colega Barbara Jones estava me esperando dando pulos e vivas: "Sr. Clark, vá direto à administração!" Corri para lá e o primeiro fax que li era do primeiro-ministro do Canadá. Também havia faxes do elenco de *Friends* (o seriado de TV), de médicos de Bombaim, de times esportivos e de pessoas de todos os lugares imagináveis.

Quando os alunos chegaram à escola, invadiram a administração! Apresentadores de programas de rádio de todo o país estavam lendo nosso anúncio no ar e pedindo aos ouvintes que ligassem para a escola dando a resposta. Depois, os próprios locutores começaram a nos telefonar para saber qual era a solução do enigma. Assim, havia crianças em três linhas telefônicas diferentes falando com alguns dos milhares de ouvintes, enquanto outras estavam no corredor sendo entrevistadas por repórteres de TV. Tínhamos faxes chegando continuamente do mundo todo e alunos prestes a pular até o teto de tanta agitação! Quando o dia escolar finalmente terminou, lembramos que o aparelho de fax continuaria funcionando a noite toda, mas que não haveria ninguém ali para mantê-lo abastecido de papel. Com isso, perderíamos muitas respostas e, por causa disso, tive que passar a noite no gabinete da escola.

Os faxes não pararam de entrar durante toda a noite. Por volta das 3h, recebi um que dizia: "SR. CLARK, LIGUE PARA NÓS!" e trazia um número de telefone. Liguei. Era de um cassino que havia lançado a pergunta e estava aceitando apostas sobre a solução. Eles queriam que eu confirmasse a resposta certa para poderem pagar aos vencedores. Que loucura!

Foi extremamente divertido ficar sabendo sobre todas essas pessoas e conhecer suas respostas. Estas foram algumas das mais comuns e também as favoritas: a fome, armas de fogo, quedas na banheira, James Bond, o amor, ataques cardíacos, o aborto, a velhice, o suspense, a ignorância, a quinta série, o tempo, a cobiça, a língua, cutículas feridas, enigmas.

Acabamos recebendo mais de sete mil cartas de todo o mundo. No anúncio havíamos prometido responder a cada pessoa, portanto os alunos tiveram que se reunir aos sábados, durante as férias e depois das aulas para escrever à mão a todos os participantes, informando que a resposta certa é o tabaco.

As crianças estavam se transformando em celebridades locais, aparecendo em noticiários nacionais e nas capas de jornais de todo o estado. Muita excitação cercava o projeto e isso fez com que elas começassem a chegar à escola de cabeça erguida e com ares de quem estava no alto do pódio.

Depois de uma semana escrevendo cartas, fazendo do gabinete da escola nosso próprio quartel-general improvisado e sendo o centro da atenção da mídia, finalmente recebemos a resposta pela qual estávamos esperando. Fomos informados em um telefonema da Casa Branca que Hillary Clinton ligaria às 11h45 da sexta-feira para dar a resposta dela e do presidente e para discutir com os alunos os perigos do consumo do tabaco. Todos ficamos contentes e saímos correndo para organizar uma coletiva de imprensa para o final da semana, de modo que a comunidade pudesse acompanhar o telefonema.

Estávamos todos sentados na biblioteca – líderes políticos, empresários, familiares e amigos – e dava para sentir perfeitamente a animação e o sentido de comunidade no ar. Tínhamos comprado roupas para que todos os alunos mostrassem seu melhor visual. Eu e as crianças ocupamos mesas na parte da frente da biblioteca, com dúzias de câmeras e personalidades da mídia a centímetros de nossos rostos. Olhei para o relógio... 11h43... olhei de novo... 11h44... Então pensei: "E se ela não ligar?" Foi quando o telefone tocou.

Exige-se silêncio nas bibliotecas, mas aquela jamais estivera tão silenciosa. Todos prendemos a respiração, atentos a cada palavra do telefonema, que devia durar 15 minutos, mas que se estendeu por 45 minutos. A Sra. Clinton teve tempo de falar individualmente com cada criança e discutir os assuntos de saúde levantados por nossa pergunta. No final da ligação, ela disse: "Tenho uma carta que o presidente e eu escrevemos para sua turma e que inclui nossa resposta. Poderíamos enviá-la a vocês pelo correio, mas preferiríamos entregá-la pessoalmente." Depois, anunciei algo que causou um grande impacto em todos. Eu estivera em contato com a Casa Branca durante toda a semana e havíamos planejado que os alunos iriam até lá na semana seguinte para se encontrar com a família presidencial. Esse evento mudaria a vida dos alunos, pois a maioria deles nunca tinha saído de nosso estado.

Quando fomos informados do convite feito pela Casa Branca, a diretora me pediu que mantivesse a viagem em segredo até que conseguíssemos dinheiro suficiente para levar os alunos. Sabíamos que isso exigiria bastante esforço. Imediatamente, eu e a Sra. Austin, uma das secretárias da escola, começamos a ligar para o maior número possível de empresas na tentativa de obter doações. Logo percebi que todas as pessoas com as quais eu falava se mostravam interessadas em ajudar as crianças e a contribuir da forma que pudessem. Descobri esta verdade em todos os lugares onde ensinei: as comunidades estão dispostas a ajudar os professores, contanto que eles sejam capazes de demonstrar que trabalham duro e apresentar razões concretas de por que as contribuições podem ser essenciais.

Felizmente, em poucos dias todo o dinheiro para a viagem foi doado pelos empresários locais, que concordaram em manter sigilo sobre o assunto até o dia da coletiva de imprensa. No final do telefonema, em resposta ao pedido da Sra. Clinton para irmos à Casa Branca, eu disse, em meio a lágrimas que não pude reprimir por mais que tentasse: "Crianças, vocês estão vendo este grupo de líderes de empresas à sua volta... bem, eles tiveram a gentileza de contribuir com nossa turma e, na semana que vem, NÓS TODOS VAMOS A WASHINGTON, DC!" A biblioteca explodiu em aplausos. Eu chorava, os alunos e os pais choravam, uma repórter de TV chorava. Apresentar essa surpresa às crianças e à comunidade foi uma das coisas mais maravilhosas da minha vida. A alegria, a animação e a estima no rosto dos alunos estão entre os principais motivos que me fazem permanecer na profissão que escolhi. Como poderia dar as costas à oportunidade de causar esse tipo de impacto nas vidas das crianças?

Na semana seguinte, viajamos a Washington, DC, acompanhados de repórteres dos jornais locais. Visitamos a National Symphony Orchestra, o prédio do Capitólio e todos os museus mais importantes. No último dia de nossa estada, fomos à Casa Branca. Um guia nos proporcionou um passeio especial, pois éramos as únicas pessoas ali. Tivemos permissão para andar à vontade, tirar fotos e nos sentir em casa.

Após o passeio, fomos levados ao Salão Leste, que estava decorado com uma enorme árvore de Natal cheia de luzes. Por fim, o presidente e a Sra. Clinton entraram na sala e começaram a conversar com as crianças. Ele leu um poema natalino tradicional. Em seguida, todos cantamos uma canção de Natal. Depois que terminamos, o presidente chegou a se ajoelhar no chão para falar com cada criança e a Sra. Clinton circulou conversando com os adultos.

Essa foi uma experiência única na minha vida, mas tive a sorte de viver algo semelhante com meus alunos do Harlem. A cada ano, a Disney patrocina o American Teacher Awards, um evento em que os professores norte-americanos são premiados. No meu segundo ano em Nova York fui informado de que era finalista do prêmio Professor de Destaque do Ano e que devia ir a Los Angeles em novembro para as etapas finais da competição. Disse ao pessoal da Disney que adoraria levar minha turma comigo. Informaram-me que a Disney não podia me dar ajuda financeira para isso, mas que, se eu conseguisse o dinheiro, seria extremamente bem-vindo na companhia dos alunos.

Eu não queria que as crianças tivessem expectativas, por isso não lhes contei o que estava tentando fazer. Em vez disso, circulei por empresas em toda a cidade de Nova York e escrevi mais de cem cartas a empresários. Graças a muito trabalho, incluindo os esforços dos pais dos alunos e da diretora assistente, a Sra. Castillo, pequenas quantias começaram a chegar. Então, um dia, recebi uma ligação da mãe de um aluno dizendo que a empresa de advocacia em que ela trabalhava ia contribuir com os 16 mil dólares que faltavam. Fiquei emocionadíssimo!

Convoquei de imediato uma reunião noturna no auditório com todos os meus alunos e seus pais. Contei-lhes que tínhamos conseguido dinheiro suficiente para que três estudantes pudessem viajar e que iríamos pôr os nomes de todos da turma em um aquário e sortear os felizardos. Eu disse ao grupo: "Como vocês sabem, vou a Los Angeles no mês que vem e todos vocês foram maravilhosos e me apoiaram muito. Também quero que saibam que, quando eu for, não estarei sozinho. Recebemos doações suficientes para que alguns alunos muito especiais possam me acompanhar e estamos aqui para determinar quem serão eles. Como vêem, dentro deste aquário estão todos os seus nomes." Em seguida pus a mão no aquário e comecei a remexer os pedaços de papel, e era visível a expectativa no rosto dos alunos. Então parei e disse: "Mas na verdade não é preciso que eu faça o sorteio, porque levantamos bastante dinheiro, e no mês que vem nós *todos* vamos a Los Angeles!"

Foi um momento eletrizante. Algumas crianças explodiram de alegria, mas muitas delas apenas levaram as mãos ao rosto e começaram a chorar. Acho que tinham ficado na maior expectativa e depois aliviadas ao saber que todas elas viajariam. Era óbvio essa viagem significava muito para esses estudantes.

Claro que é impossível organizar surpresas como essas todos os meses para as pessoas, mas creio que devemos tentar proporcionar esse tipo de emoção fazendo qualquer coisa boa e inesperada, grande ou pequena, tantas vezes quanto possível. Sei por experiência própria que ensinar é fazer surpresas e criar momentos que as crianças jamais esquecerão. Acredito que seria muito mais divertido vivermos em um mundo onde todos pensassem assim.

Regra n.º 15
Não peça prêmios

Em certas épocas do ano dou prêmios por bom comportamento, desempenho escolar e outros atos dignos de reconhecimento. Mas, se alguma vez você me pedir um prêmio, não o receberá. É grosseiro pedir uma recompensa por bom comportamento. Você deve ser bom e procurar fazer o melhor porque está tentando ser uma pessoa melhor, não porque está antevendo um benefício. Normalmente concedo algum tipo de prêmio a todos os que tiram dez em testes em grupo. Se você tirar dez e perguntar se vai ganhar algo, nenhum *dos alunos que tiraram dez receberá nada.*

Na vida profissional, quem executa um bom trabalho nem sempre recebe uma recompensa. As pessoas fazem um serviço de qualidade porque desejam ter orgulho do seu desempenho, gostam da sua atividade e/ou querem manter seus empregos. Apesar de freqüentemente premiar os alunos, sei que preciso prepará-los para o que encontrarão na vida depois que deixarem a sala de aula. Tento fazer com que compreendam e demonstrem com atos que é importante realizar bem uma tarefa – não pelo prêmio, mas por eles mesmos.

Realmente saio da rotina para premiá-los e elogiá-los pelo trabalho. Mas isso chegou ao ponto em que senti que poderiam deixar de simplesmente valorizar as coisas que eu lhes dava e acabarem dizendo: "Que mais vamos ganhar?" Certa vez, devolvi relatórios corrigidos à turma e a garota que tirou a maior nota perguntou: "Sr. Clark, vou ganhar alguma coisa?" A partir desse momento, coloquei um ponto final em comentários como esse. Fiz com que os alunos compreendessem que em nenhuma circunstância deviam me pedir qualquer tipo de prêmio nem perguntar se iriam receber algo. Talvez eles ainda se sentissem um pouco gananciosos, mas assim eu teria certeza de que pelo menos suas ações não refletiriam isso. Com o tempo, esperava que adotassem naturalmente a conduta de aceitar o que é dado sem esperar nem pedir recompensas e que isso mudasse suas atitudes em relação aos benefícios de um bom desempenho individual.

Mesmo depois que impus essa regra, às vezes os alunos ainda escorregavam. Certa noite, fiquei acordado até tarde fazendo biscoitos caseiros com pedaços de chocolate para as crianças que passassem na prova em grupo do dia seguinte sobre a Guerra da Independência. Depois que distribuí as provas corrigidas, Queshida perguntou:

– Sr. Clark, vamos ganhar alguma coisa por termos feito uma boa prova?

Era possível ouvir um alfinete caindo na sala de aula. Havia olhos arregalados por toda parte e os mais arregalados eram os meus! Empalideci porque tinha ficado acordado durante horas fazendo os biscoitos... Eu sabia que não podia distribuir nada depois daquele pedido. Se fizesse isso, estaria renegando minha palavra e ignorando a regra. Respondi apenas:

– Bem, eu ia dar estes biscoitos para vocês. – Fiz uma pausa e provei um. – Mas, já que você perguntou, ninguém vai ganhá-los.

Atravessei o corredor e dei os biscoitos para a Sra. Hopkins compartilhar com a turma dela. Nem um só aluno dessa classe jamais voltou a me perguntar sobre prêmios. É uma lição dura de aprender, mas terá valido a pena se tiver ajudado as crianças a dar mais valor aos esforços do que aos prêmios.

Regra n.º 16

Seja tão organizado quanto possível

Você deve esforçar-se ao máximo para ser organizado.

Devo parecer a pessoa mais desorganizada do mundo. Minha mesa na sala de aula é simplesmente um enorme amontoado de papéis, folhetos, livros, guardanapos e comida. Se alguém falar sobre esse assunto com algum dos meus ex-alunos, tenho certeza de que ele contará sobre copos de chá que ficam uma semana por ali, rosquinhas meio comidas e muitas outras coisas. Mas tenho certeza de que também dirá que sei onde está cada objeto e que consigo pegar qualquer um de que necessite num piscar de olhos.

Considerando minha propensão à bagunça, é fácil compreender por que sou tão tolerante com alunos que têm carteiras desarrumadas. Mas essa tolerância contém um aviso. Digo às crianças que não me importo com a desorganização das suas carteiras. No entanto, estarão encrencadas comigo se não forem capazes de pegar rapidamente os trabalhos, cadernos ou outros itens que eu lhes peça. No Harlem tive um aluno chamado Marvin que rivalizava comigo em termos de desordem mas que sempre conseguia ter à mão tudo o que eu solicitava.

Lá também havia outro menino, Shomond, que seria incapaz de encontrar água no oceano. Sempre que ele não achava os objetos no meio daquele emaranhado de coisas, eu pegava sua carteira, a virava de cabeça para baixo e ficava vendo seus materiais caírem no chão. Então lhe pedia que apanhasse a lição de casa e o instruía a não recolocar na carteira nada que não fosse necessário. Talvez essa atitude pareça dura demais, mas é dramática, fixa-se na memória das crianças e diminui radicalmente o número de vezes em que não conseguem encontrar as coisas.

Não ajo com raiva ou para humilhar – meu objetivo é ensinar e faço questão de explicar isso aos alunos.

A cada ano sempre pergunto aos novos professores dos meus ex-alunos como está sendo o desempenho desses estudantes nas aulas. O que me interessa principalmente é ver em quais áreas os preparei bem e em quais aspectos eles apresentam pontos fracos. Às vezes é difícil fazer isso e muito humilhante também, pois não é agradável ouvir uma professora dizer o quanto seus alunos chegaram despreparados até ela. No entanto, se o objetivo é ser um professor melhor, acho que se trata de uma avaliação necessária. Além disso, é compensador quando os comentários são positivos.

Por exemplo, no passado houve professores que diziam: "Posso saber com certeza quais dos meus alunos já foram seus, porque suas habilidades de redação são superiores às do restante da classe." É maravilhoso ouvir isso, mas uma área na qual os professores sempre costumavam apontar deficiências dos meus ex-alunos, mais do que dos outros estudantes de suas turmas, era a organização. Isso me envergonhava, pois imaginava que havia alguma relação com o modo como eu estava preparando as crianças.

Certa ocasião, me dispus a fazer algo que ajudasse os alunos a se estruturarem melhor. Comecei comprando um conjunto de materiais que queria que cada um deles tivesse. Encontrei uma velha e boa pasta grande na qual caberiam seus cadernos, folhas soltas, canetas, lápis, calculadora e agenda. Depois comprei pequenos cadernos de cem páginas e outros itens como lápis de cor, régua, grampeador, etc. Também trouxe uma caixa de lenços de papel, afinal eu comprava esse artigo o ano todo, pois as crianças estavam sempre com os narizes escorrendo. Em seguida, espalhei os objetos no chão da minha sala e tirei uma foto deles. Acrescentei todos esses produtos à lista de material escolar que enviaria aos pais, pois não tinha a intenção de arcar com essa despesa para todos os alunos. Depois escrevi uma carta às crianças, com explicações sobre os materiais que usariam naquele ano e anexei a foto. Eles a receberam três semanas antes do início das aulas, portanto os pais tiveram tempo suficiente para procurar os itens necessários.

Foi uma idéia excelente. Nos anos anteriores, como eu não mandara a carta com a lista, os alunos chegavam para o primeiro dia de aula carregados de vários artigos de que não precisavam. Eu detestava isso. Eles e também os pais normalmente ficavam tão ansiosos com o ano letivo que faziam todas as compras de material escolar antecipadamente, e muitas das coisas que adquiriam não prestavam para nada. Quando os pais receberam a foto e a carta, ficaram muito gratos. Afinal, teriam tempo suficiente para fazer as compras, sabiam exatamente o que eu queria e não desperdiçariam dinheiro com produtos desnecessários.

No primeiro dia de aula, quase todos os alunos trouxeram os itens solicitados. Constatei que todos os pais, independentemente de quanto ganham, dão grande importância à compra do material escolar no começo do ano letivo. Peguei cada objeto e descrevi quando seria usado e como os alunos deviam marcar cada tarefa. Mostrei-lhes como listar suas lições de casa nas páginas da agenda e o lugar em que deveriam guardar as provas avaliadas. Depois de instruída detalhadamente sobre o sistema, essa turma se tornou a mais organizada à qual já dei aula, o que facilitou muito minha vida. Quando precisava que as crianças entregassem a lição, todas sabiam onde estava. Se lhes pedia as folhas de prova, elas as encontravam imediatamente. Além disso, durante as reuniões com os pais, eu conseguia repassar os cadernos e pastas de cada aluno, encontrando depressa todos os materiais, folhas de exercícios e provas de que necessitava.

A principal coisa que aprendi nesse ano é que as crianças gostaram de ser organizadas e valorizaram o sistema. Depois que alguém lhes explicou como se faz isso, elas foram capazes de usar essa habilidade também em anos futuros e até em suas carreiras profissionais.

Recomendo que, se você é um profissional que precisa instruir outras pessoas, seja o mais específico possível sobre suas expectativas. Se necessário, tire fotos e dê-lhes folhetos com detalhes do que deseja que façam ou produzam. Ensine-as a ser organizadas mostrando exemplos de como você mesmo é organizado e o tipo de método que espera delas. Uma coisa que observei é que nunca devemos tomar por certo nada que diga respeito ao que um aluno ou outra pessoa conhece ou sabe fazer. É sempre melhor sermos específicos em relação ao que queremos.

Regra n.º 17

Ao ser apresentado a uma pessoa, repita o nome dela e aperte sua mão

Quando saímos em passeios com a turma, costumamos encontrar diversas pessoas. Sempre que eu o apresentar a alguém, repita o nome da pessoa para memorizá-lo. Depois, quando estivermos de partida, faça questão de lhe dar um aperto de mão e agradecer, mencionando o nome dela ao mesmo tempo. Se você estiver sentado quando eu o apresentar a alguém, deve levantar-se para apertar a mão da pessoa. É muito grosseiro permanecer sentado quando se é apresentado a alguém.

Na primeira vez em que uma de minhas turmas foi convidada a ir à Casa Branca, o presidente e a Sra. Clinton dedicaram um tempo para apertar as mãos dos alunos e pais que estavam presentes. Notei que a Sra. Clinton esmerou-se em memorizar os nomes de todos os estudantes. Quando estávamos indo embora, ela se despediu de cada um deles, chamando-os pelo nome. Isso realmente me impressionou, mas não acabou aí. Dois anos depois estive na Casa Branca com outro grupo de alunos e mais uma vez conversamos com a Sra. Clinton. Ela não apenas voltou a fazer um excelente trabalho lembrando-se depressa dos nomes de todas as crianças como também me perguntou como iam alguns dos meus ex-alunos, e referiu-se a eles pelos nomes. Tenho certeza de que parte disso se deve ao fato de a Sra. Clinton ter uma memória incrível, porém também observei algo mais. Quando lhe apresentam alguém, ela sempre responde terminando a frase com o nome da pessoa. Isso reforça o nome na sua memória e a ajuda a se lembrar dela.

Comecei a ensinar aos alunos a fazer o mesmo e treinamos assim: "Turma, gostaria de lhes apresentar o Sr. Walter, proprietário deste cinema." Um aluno diz: "Prazer em conhecê-lo, Sr. Walter. Muito obrigado por nos proporcionar esta visita pelo seu cinema." Depois, antes de partirmos, esse aluno diz: "Mais uma vez, Sr. Walter, em nome de meus colegas gostaria de lhe agradecer pela hospitalidade com que nos recebeu. Todos nós aprendemos bastante sobre o modo como as salas de exibição funcionam e o papel que desempenham na indústria cinematográfica. Obrigado de novo."

Representamos situações como essa várias vezes para dar um treino adequado aos alunos. As pessoas nos respeitam mais quando nos referimos a elas pelo nome. Além disso, não nos lembrarmos do nome de alguém pode causar uma situação embaraçosa. Essa regra tem o objetivo de evitar que isso aconteça: usando o nome da pessoa o mais depressa possível depois que o aprendemos, não o esqueceremos com tanta facilidade.

Regra n.º 18

Cumprimente todos os professores pelo nome

*Aprenda depressa os nomes dos outros professores da escola e cumprimente-os dizendo coisas como "Bom dia, Dona Cristine!" ou "Boa tarde, Dona Elizabeth!"**

Sempre me surpreendo quando falo com alguém que não sabe os nomes dos próprios vizinhos ou dos colegas de trabalho mais próximos. É lamentável que as pessoas não se disponham a apresentações com mais freqüência, especialmente quando há um novato no local de trabalho ou na comunidade.

Espero que, à medida que meus alunos avancem na vida, eles aprendam a conhecer quem vive e trabalha ao seu redor e tentem fazer com que os recém-chegados se sintam à vontade e bem-vindos. Quero que se acostumem a aprender os nomes dos que os cercam e que façam um esforço para serem gentis e educados com todos. Acredito que isso cria lugares mais confortáveis e agradáveis para morarmos e trabalharmos, e que eles serão bem mais felizes em ambientes assim.

Das escolas que visitei em todo o país, vi mais sucessos e sempre me senti mais em casa nas escolas menores, onde os professores conhecem todos os alunos e vice-versa. Tenho ouvido muitos professores dizer que crêem que a chave para se criar um ambiente escolar bem-sucedido é ter turmas pequenas. Não

---

* Atenção: Se você estiver na fila com o resto da classe (ver Regra n.º 54), não tem permissão para cumprimentar os professores nessa hora, pois a regra de não falar está em vigor. Só fale com eles se estiver chegando à escola ou indo embora, durante o recreio, fazendo um trabalho ou mudando de sala.

penso que precise ser necessariamente assim. Visitei algumas escolas grandes, com mais de mil estudantes, que dispõem de bons recursos financeiros e onde cada classe tem menos de 22 alunos. Nessas instituições, no entanto, o tratamento dado às crianças é tão impessoal que elas parecem até nem ter identidade. Na Snowden Elementary School havia épocas em que tínhamos turmas com mais de trinta alunos, mas mesmo assim mantínhamos o sentimento de "estarmos em casa", porque todos nos conhecíamos e havia uma grande confiança entre nós. Acredito que a chave pode ser não o número de estudantes na sala e sim o quanto o clima da escola faz com que eles se sintam bem e receptivos.

Quando fui para a escola pública no Harlem, senti que a confiança e a sensação de conforto estavam plenamente estabelecidas. A diretora assistente, a Sra. Castillo, era uma pessoa extraordinária que agia como figura materna tanto dos professores quanto dos alunos. Conhecia os nomes de cada uma das crianças e era respeitada por todos. Também havia professores que já estavam ali há quatro ou cinco anos e que os alunos respeitavam e amavam. Por outro lado, a cada ano víamos rostos novos na escola. Na minha primeira semana de trabalho chegaram mais de dez professores. Após algumas semanas, cinco do grupo inicial foram embora e outros cinco entraram. Essa rotatividade tornava difícil o estabelecimento de vínculos que unificassem a escola. Assim, pedi aos alunos que aprendessem os nomes de todos os professores para ajudarem a criar um clima de unidade. Quando as crianças sabem quem são todas as pessoas da escola, elas se sentem mais à vontade. Quanto mais adultos conhecem, a mais pessoas podem recorrer quando têm problemas ou precisam de ajuda.

Além disso, se somos professores, é agradável quando os alunos nos reconhecem e nos cumprimentam. Pense na situação de um colega que entra na escola pela primeira vez. Provavelmente está ansioso com o ingresso em um ambiente que ele desconhece e aflito em saber se as crianças vão gostar dele. Na maioria das escolas, os professores têm atividades para dar as boas-vindas aos novos membros do corpo docente, mas acredito que isso pode ser mais eficaz se uma recepção positiva também partir dos alunos.

Regra n.º 19

Cumprimente os visitantes e faça com que se sintam bem-vindos

Muitas vezes teremos visitantes em nossa escola. Se alguém vier visitar nossa classe, mandarei dois alunos receberem a pessoa no portão de entrada. Eles estarão com um cartaz dando-lhe as boas-vindas. Quando o visitante chegar, vão apertar sua mão, dizer quem são e cumprimentá-lo em nome da escola. Depois o acompanharão em uma pequena volta pelo prédio antes de conduzi-lo à sala de aula.

Podemos usar essa técnica com visitantes no local de trabalho. O objetivo é fazer com que a pessoa se sinta bem-vinda. Nessa situação, porém, não há necessidade do cartaz. No caso da visita de negócios, a pessoa deve ser recepcionada à porta por um funcionário e conduzida em uma volta rápida pelas instalações da empresa. Depois deve ser levada à nossa sala para que nos seja apresentada.

Entrar em um ambiente desconhecido pode ser algo amendrontador e até nos deixar intimidados. Quando eu era garoto, meus pais se mudaram de cidade e tive que ir para uma nova escola onde não conhecia ninguém. No primeiro dia fiquei apavorado. Meus pais me disseram que a diretora designaria um colega para me mostrar tudo naquele mesmo dia, mas isso não aconteceu. Passar de uma aula para outra completamente sozinho já estava sendo bastante ruim, mas o que eu mais temia era a hora do almoço, porque sabia que ia comer desacompanhado.

Felizmente, durante a quarta aula escolheram uma parceira de laboratório para mim, Anita Cahoon. Ela me disse: "Você deve ser novo, portanto vai almoçar comigo e com meus amigos." Fiquei muito aliviado. Acabei me tornando o melhor amigo dela e de seus amigos, e passei a adorar a escola. No entanto, nunca me esqueci da sensação desconfortável de não conhecer ninguém nem saber aonde ir ou o que esperar no primeiro dia.

Houve uma ocasião em que precisei visitar o escritório central de uma grande empresa em Charlotte e a recepção deles me extasiou. Uma pessoa me recebeu à porta, em seguida me levou para uma volta pelas instalações e depois me apresentou a todos os funcionários. Até um lanche com minhas comidas preferidas, chá doce e frutas foi preparado para mim. Antes de eu ir embora deram-me uma cesta contendo uma camiseta, uma caneca para café e diversas outras lembranças da visita. De fato, eles desenrolaram o tapete vermelho e fizeram com que me sentisse bem-vindo.

Apesar de eu não ser capaz de fazer tudo isso por qualquer pessoa que visite nossa sala de aula, quero ter certeza de que todos os visitantes vão se sentir bem-vindos. Entrar em uma escola pode ser uma experiência especialmente desconfortável quando alguém não sabe onde fica o lugar a que deve se dirigir nem conhece a pessoa com quem precisa falar. Para administrar essa situação, mando dois alunos esperar o visitante no portão da frente com um cartaz de boas-vindas no qual seu nome está escrito com clareza. Isso é cronometrado com tanto cuidado que perdemos pouco tempo de aula.

Quando a pessoa chega, peço que os alunos a cumprimentem e a levem em uma pequena volta pela escola. Depois eles a acompanham até à sala e a apresentam à turma. Como esse processo exige bastante prática, normalmente peço que um grupo de crianças fique após as aulas, em determinado dia, para treinar o passeio. Repassamos as apresentações, as informações que elas devem fornecer e as perguntas que devem fazer. Esse é um gesto respeitoso, valorizado por todos os que visitam a escola.

Regra n.º 20

Sempre atenda o telefone com educação e gentileza

Quando atender uma ligação em sua casa, fale com educação.

A não ser que lhes ensinem o contrário, as crianças têm o pior comportamento imaginável quando atendem um telefonema. Não sei quantas vezes liguei para a casa de meus alunos e os ouvi dizer "Ãrran?" ou "Oi!". Se peço para falar com os pais, a resposta usual é: "Quem é?" Quando digo quem sou, ficam muito quietos, mas depois berram a plenos pulmões: "Manhê! É o professor no telefone pra você!"

Faço questão de ensinar aos alunos o modo adequado de proceder nessa situação. Oriento-os a seguir estes passos:

1. Diga "Alô".
2. O interlocutor perguntará se determinada pessoa está e você deve dizer: "Sim, ela está. Pode me dizer o seu nome?"
3. Diga à pessoa: "Um minuto, por favor, vou chamá-la."
4. Aperte a tecla que tira o som do fone ou cubra-o com a mão. Depois, informe à pessoa em sua casa o nome de quem deseja falar com ela.

Se a pessoa não estiver em casa, instruo as crianças a pegar caneta e papel, que precisam estar sempre perto do telefone. O procedimento deve ser o seguinte:

1. Diga "Alô".
2. O interlocutor perguntará se determinada pessoa está e você deve informar: "Não, infelizmente ela não está. Gostaria de deixar um recado?"
3. Se o interlocutor não quiser deixar recado, você pode dizer: "Ela provavelmente vai demorar um pouco. Você pode tentar de novo mais tarde."
4. Se o interlocutor optar por deixar recado, diga: "Claro, vou anotar seu nome e número." Repita o número, para que a pessoa saiba que você realmente o anotou e para que você tenha certeza de que o escreveu corretamente. Quando terminar, afirme: "Vou dar o recado assim que ela chegar. Até logo."

As pessoas sempre ficam com algum tipo de impressão quando nos telefonam. Com base na primeira coisa que ouvem do outro lado da linha, constroem uma imagem de como é nossa casa e do que acontece ali. Ao recebermos uma ligação de um colega de turma, de um cobrador, de um amigo ou de quem quer que seja, tudo o que nao queremos é que essa pessoa tenha uma impressão negativa de nós, da nossa família e do nosso lar.

Regra n.º 21

Não guarde lugares no refeitório

Não guarde assentos no refeitório. Não impeça ninguém de se sentar. Somos uma família e temos que nos tratar com respeito e gentileza.

Todos nós já nos sentimos excluídos em algum momento, muitas vezes por causa de atitudes de outros adultos. Quando são as crianças da sala de aula que estão sendo excluídas, isso pode ser um pesadelo para qualquer professor. Detesto ver alunos isolados e sozinhos. Desde o primeiro dia falo com eles sobre sermos uma família na qual todos devem ser incluídos. Peço-lhes que sejam amigos de cada um dos colegas da classe e não apenas de alguns poucos escolhidos. Mas também lhes digo que não precisam gostar de todos que estão ali. Explico-lhes que eu mesmo não aprecio todos os adultos que conheço. Deixo claro que é perfeitamente humano não gostar de todas as pessoas, porém que sempre as trato com gentileza e respeito, independentemente dos meus sentimentos. Por fim, aviso que é esse o tipo de comportamento que espero deles.

Na hora do almoço, quando noto que há crianças sentadas nos mesmos lugares todos os dias ou que elas estão reservando assentos, dou-lhes um alerta. Se isso volta a acontecer, passo a usar um esquema de lugares, fazendo com que os alunos se sentem de modo que todos tenham com quem falar e ninguém fique de fora. Normalmente afirmo que terão que ficar sentados daquele jeito até que eu diga o contrário. (Adoro a frase "até que eu diga o contrário". Muitas vezes não é uma boa idéia determinarmos um período específico para uma punição, porque nunca sabemos se algum fato poderá nos levar a querer diminuir ou aumentar esse tempo.)

Demora um pouco até que os alunos aprendam a aceitar todos os colegas, pois pertencer a uma panelinha proporciona certa segurança. Mesmo os adultos querem ter a sensação de que fazem parte de um grupo e infelizmente o vínculo entre algumas pessoas significa a exclusão de outras. Não há nada errado em ter grupos de amigos, mas tento ensinar aos alunos que é importante que eles e seus companheiros realmente aceitem as demais crianças e as incluam nas suas atividades.

Regra n.º 22

Na hora de comer, siga o "ABC da Etiqueta"

Há diversas regras sobre comida que você precisa seguir. Refiro-me a elas como o meu "ABC da Etiqueta".

A. *Ao se sentar para uma refeição, ponha imediatamente o guardanapo no colo. Se os talheres estiverem envoltos em um guardanapo, desembrulhe-os assim que se sentar e coloque o guardanapo no colo.*

B. *Depois que terminar de comer, ponha o guardanapo na mesa, à esquerda do prato. Não o amasse, pois você não quer parecer desleixado. Não o dobre com excessivo cuidado, para que os funcionários do restaurante não pensem que você presume que ele será reutilizado. Nunca o deixe na cadeira, pois isso dá a impressão de que ele está sujo demais para ser posto sobre a mesa. Além disso, em alguns países, esse ato é um modo de dizer que você não pretende voltar ao restaurante.*

C. Nunca ponha os cotovelos sobre a mesa.

D. Use apenas uma das mãos para comer, a não ser que esteja cortando a comida ou passando manteiga em um alimento. Nunca fique segurando o garfo em uma das mãos e o copo na outra.

E. Não lamba os dedos, limpe-os com o guardanapo.

F. Não estale os lábios nem faça ruído enquanto mastiga.

G. Não mastigue de boca aberta.

H. Não fale de boca cheia. Às vezes as pessoas põem a mão sobre a boca e falam assim mesmo. Não faça isso. Só fale depois que tiver engolido a comida.

I. Se um fragmento de alimento ficar preso nos seus dentes, não tente removê-lo. Espere para fazer isso quando for ao banheiro.

J. Não faça ruídos enquanto bebe.

K. Não brinque com a comida.

L. Se derrubar o garfo, o guardanapo ou outra coisa no chão, não apanhe. É muito grosseiro e anti-higiênico pôr na mesa algo que ficou no chão. Se você pegar o objeto e entregá-lo ao garçom, terá que pedir licença e lavar as mãos antes de voltar à refeição. A melhor atitude nesses casos é solicitar ao garçom que faça uma substituição, deixando no chão o objeto que caiu.

M. *Você deve usar os talheres para comer quase tudo. Entre os alimentos que podem ser comidos com as mãos estão: biscoito, pão (sempre parta um pedaço pequeno, do tamanho de um bocado; se for usar manteiga, nunca a passe no pão inteiro, espalhe-a apenas nesse pedaço e coma-o antes de partir outro), milho na espiga (o mais adequado é comer seguindo o comprimento da espiga e não dando a volta nela), cachorro-quente, hambúrguer e sanduíche, batata frita, frango a passarinho, frutas pequenas (uvas no cacho, por exemplo) e outras como maçã e laranja.*

N. *Não passe a mão sobre o prato de outra pessoa para pegar algo. Você deve dizer: "Por favor, me passe o sal."*

O. *Nunca retire alimentos da bandeja para comer antes de se sentar à mesa.*

P. *Em um restaurante, não comece a comer antes que todos à mesa tenham recebido sua refeição.*

Q. *Jamais se queixe de que a fila está muito comprida, de que a comida não está boa nem da demora do serviço. Não seja negativo para não estragar o prazer desse momento para os demais.*

R. *Se não tiver certeza do talher que deve usar, simplesmente comece pelo garfo, faca ou colher que está mais longe do prato. À esquerda ficam o garfo de salada (por fora) e o garfo de jantar (por dentro). A colher de sopa é sempre posta na extrema direita. Ao lado dela, depois, a faca de salada e por fim a faca de jantar. Os talheres no alto do prato devem ser usados na sobremesa.*

S. *Quando tiver terminado a refeição, não empurre o prato para longe. Deixe-o no lugar original. Se quiser avisar que acabou de comer, coloque o garfo e a faca atravessados no centro do prato ou juntos na diagonal, com o garfo à esquerda da faca. Coloque o garfo com os dentes voltados para cima e a faca com o corte voltado em sua direção.*

T. *Nunca ponha um talher usado de volta na mesa. Deixe-o no prato ou no pires.*

U. *Se você não usar um talher, não o ponha no prato ou no pires quando terminar. Simplesmente deixe-o onde está.*

V. *Sempre olhe nos olhos do garçom quando fizer um pedido, uma pergunta ou um agradecimento.*

W. *Se possível, dirija-se sempre ao garçom pelo nome.*

X. *Se precisar ir ao banheiro, levante-se e diga "Com licença" ao sair da mesa.*

Y. *Quando lhe oferecerem sobremesas ou fizerem perguntas como "De que peixe gostaria?" ou "Qual molho quer na salada?", o melhor é perguntar: "Quais são minhas opções?" Assim você não mencionará coisas que o restaurante talvez não tenha.*

Z. *Nunca fale com os garçons e as garçonetes como se*

fossem seus empregados. Trate-os com respeito e gentileza e lembre-se de que são essas pessoas que estão providenciando seu pedido e trazendo a comida até você. Não se indisponha com elas.

Sei que pode parecer um exagero esperar que as crianças obedeçam a essas regras, mas descobri que elas gostam de aprender boas maneiras e colocá-las em prática. É sempre um espanto para as pessoas que entram no refeitório e vêem meus alunos comendo com o guardanapo no colo, usando uma só mão e comportando-se perfeitamente à mesa – ali isso é quase uma anomalia.

Lembro-me de quando estava nos primeiros anos do colégio e fui com minha família ao casamento de uma prima. Durante o jantar, muito chique, todos estavam sentados quietos à mesa diante da sofisticada baixela. Ninguém conhecia ninguém e todos penavam para manter uma conversa. No centro da mesa havia um prato com pequenas porções de manteiga em formato de flores. Após uns dois minutos de total silêncio, minha mãe, bendita seja, tentando aliviar a tensão, estendeu a mão para pegar uma "flor", dizendo: "Ron, quer um doce?" Ao pegar a manteiga, esta se desfez entre seus dedos. Foi quando ela percebeu que não era realmente um doce. Ficou totalmente vermelha de tanta vergonha, mas em seguida começou a rir de si mesma. Logo toda a mesa estava rindo e acabamos tendo uma noite maravilhosa de conversas e risadas.

Embora essa situação tenha terminado bem, não quero que meus alunos se vejam no lugar de minha mãe ou no meu, desconfortáveis, sem saber o que fazer ou como se portar. Mesmo que as crianças jamais precisem participar de um jantar formal, estarão pelo menos preparadas para isso. Se essa oportunidade surgir, não haverá motivo para sentirem que não estão prontas ou que se envergonhariam.

Regra n.º 23

Depois de comer no refeitório ou em qualquer outro lugar, seja responsável por seu lixo

Depois que você comer, tem que remover o que deixou no local. Isso inclui limpar a mesa, o chão e a área que ocupou. É importante que se responsabilize por isso, não importa onde esteja. E tenha sempre o cuidado de não espalhar lixo.

De modo geral as crianças são desordeiras quando comem. Se visitarmos um refeitório, provavelmente veremos guardanapos espalhados pelo chão, restos de comida derramada e mesas fora de suas posições. Isso realmente me incomoda, pois, se esse comportamento for tolerado na escola, ele se repetirá em qualquer restaurante ou lanchonete. Faço questão de que meus alunos deixem as mesas que ocuparam exatamente como as encontraram. Apanhamos todo o lixo, passamos um pano nas mesas e nos certificamos de que não há papéis nem embalagens em volta das lixeiras. No começo preciso lembrá-los a cada dia, mas depois de alguns meses eles já estão habituados a apanhar o lixo antes de irem embora. No fim do ano não há mais lixo no chão, pois aprenderam que, se forem mais cuidadosos ao comer, não precisarão se preocupar em arrumar a desordem depois.

Sempre me irrito quando vejo lixo espalhado, seja da espécie que for, e não apenas em restaurantes. Faço com que as crianças entendam que devem orgulhar-se da sua escola e da sua comunidade. Por isso, além de não espalharem lixo, elas têm que apanhar o que for deixado por outras pessoas. Freqüentemente realizo pequenos testes com os alunos para ver se estão seguindo essa regra. Espalho algumas coisas pela sala antes que eles cheguem e então vejo quem os recolhe. Depois que todos se sentam, digo-lhes que os que retiraram a sujeira ganharão sorvete no almoço. Sempre menciono as crianças que deram uma olhadela no lixo, mas passaram por ele sem o apanhar. Depois de um truque desses, não vejo nenhum lixo no chão por meses.

O essencial, no entanto, é que as crianças de fato compreendam a importância de manter as áreas limpas e de tomar conta do seu próprio lixo. No fim do ano, sempre fico muito orgulhoso dos alunos e do modo como eles se tornam conscientes dos próprios atos e conquistam respeito para a escola e a comunidade, fazendo esforços sinceros para mantê-las limpas.

Regra n.º 24

Quando lhe oferecerem comida, pegue apenas a sua porção

Se alguém lhe oferecer comida, seja em um refeitório ou em uma festa, nunca pegue mais do que uma porção normal. Não seja guloso tentando ganhar mais do que deve, pois isso é um desperdício e é falta de respeito com os demais não deixar o suficiente para eles.

Na primeira vez que levei meus alunos a um bufê fiquei chocado com a quantidade de comida que colocaram no prato. Eles voltavam para a mesa abarrotados de alimentos. Desde então estabeleci limites sobre a quantidade que estão autorizados a pegar. Determinei que não podem cobrir mais do que três quartos do prato nem empilhar nada. Mas, quando as crianças estão com fome, é difícil fazê-las seguir essa regra.

Apesar de nem sempre ser tão fácil impor esta, as crianças normalmente a compreendem e conseguem controlar a gula. Às vezes, quando as presenteio com biscoitos ou brownies, algumas delas lançam um olhar comprido para as guloseimas tentando descobrir onde está a maior. Quando noto que alguém está fazendo isso, não lhe ofereço nada e espero que todos os outros alunos tenham escolhido seu pedaço antes de lhe dar outra chance. O mesmo vale quando temos festas com pizza – sempre há crianças buscando a maior fatia e é necessário um reforço constante para lembrar-lhes de que elas não são as únicas que estão com fome e que pretendem ganhar o maior pedaço.

Leva algum tempo até que apreendam a sacrificar seu desejo em respeito aos colegas e não presumirem que merecem receber mais do que eles. Depois de explicar por que é mais educado pegar pouco, sempre premio quem tenta pôr isso em prática. Por exemplo, quando vejo um aluno pegando intencionalmente o menor pedaço de pizza ou brownie, volto a ele depois que todos os outros se serviram e lhe ofereço uma fatia extra. Esse reforço funciona bem e, após certo tempo, a maioria das crianças começa a pensar primeiro nos colegas.

Regra n.º 25

Se uma pessoa deixar cair algo, apanhe o objeto para ela

Quer você esteja na escola, quer esteja em um passeio, se alguém deixar cair algo, apanhe o objeto e o entregue a quem o perdeu. Mesmo que a pessoa esteja mais perto dele, é sempre uma gentileza fazer o gesto de se curvar para pegá-lo.

Certa ocasião, eu estava saindo de uma locadora de vídeos e o cartão do banco e a carteira de motorista caíram do meu bolso. Antes que eu me abaixasse, um garotinho que estava a uns três metros de distância correu, apanhou depressa as coisas e as devolveu para mim. Fiquei muito surpreso e satisfeito. Agradeci-lhe em voz alta e olhei em volta para encontrar sua mãe. Ela estava observando o filho o tempo todo. Sem dúvida, parecia uma senhora que sabia o que estava fazendo e tenho certeza de que os bons modos do menino vinham da instrução e orientação que recebera dela. Infelizmente, muitos pais não vêem necessidade de ensinar essas atitude e assim as crianças acabam ignorando certos atos básicos de gentileza.

Na sala de aula, eu ficava maluco quando o lápis de um aluno rolava da carteira e ninguém o apanhava. A criança tinha que se levantar e caminhar para pegá-lo, pois seus colegas simplesmente ignoravam o objeto. Eu disse com ênfase aos alunos que esperava que apanhassem qualquer coisa que alguém deixasse cair, e eles passaram a fazer isso. Após um tempo, essa prática acabou se tornando corriqueira na nossa sala.

Regra n.º 26

Segure a porta para as pessoas passarem

Sempre que for passar por uma porta e houver alguém atrás de você, segure-a para permitir que a outra pessoa passe. Se a porta for do tipo que deve ser puxada pela maçaneta, abra a porta, fique de lado e deixe a pessoa passar antes de você. Caso a porta seja do tipo que tem que ser empurrada, empurre-a, passe e segure-a para quem vem atrás.

Depois de algumas semanas vendo crianças se espremendo pelas portas da escola e observando-as entrar em restaurantes sem se preocupar se a porta ia bater na cara dos outros clientes, eu sabia que tinha que falar sobre esse assunto com meus alunos. Pode parecer insignificante ensinar-lhes pequenos atos de gentileza, como segurar a porta e permitir que alguém passe primeiro, mas isso contribui muito para ajudá-los a perceber como respeitar e valorizar as pessoas. Se não chamarmos a atenção das crianças para essas coisas, a maioria delas não vai descobrir nada sozinha.

Mesmo no caso de uma regra tão simples e básica como essa, fico impressionado com o número de perguntas que os alunos fazem. Eles sempre estão interessados em ouvir quando é adequado segurar a porta, quanto tempo precisam permanecer ali parados, se têm que dizer alguma coisa e onde devem se posicionar nessa situação. Ficam ansiosos em aprender exatamente o que esperamos que façam. Descobri que isso se aplica a quase todas essas regras: as crianças querem saber qual o comportamento certo a adotar e como demonstrar respeito. Uma vez que alguém lhes diga, estão a meio caminho de atingir o objetivo.

Regra n.º 27

Quando esbarrar em alguém, peça desculpas mesmo que a culpa não seja sua

Se você se chocar com alguém, diga "Desculpe" mesmo que não tenha sido o responsável pelo encontrão.

Na escola, muitas vezes um leve esbarrão pode levar à Terceira Guerra Mundial. É importante neutralizarmos a situação antes que isso aconteça. Na primeira vez em que expus essa regra a alguns dos meus alunos, não sabia como iria funcionar. Depois de um mês de treino e de vários lembretes havia meninos enormes, maiores do que eu, dizendo "Desculpe" a torto e a direito.

Quando meus alunos do Harlem voaram para Los Angeles para assistir ao American Teacher Awards, eu já estava lá à sua espera. Eles viajaram em companhia da Sra. Castillo, a diretora assistente, e de um grupo de professores e pais. Na semana anterior tínhamos treinado na minha sala as normas de etiqueta em avião. Eu dispus as cadeiras em filas e assumi o papel de comissário de bordo que percorria os corredores recebendo pedidos e controlando os alunos. Queria muito que se comportassem, mas fiquei preocupado, pois não viajaria com eles.

No aeroporto, as primeiras pessoas que saíram do avião olharam em volta e perguntaram: "Onde está esse Sr. Clark!?" Pensei: "Ah, Deus, o que as crianças aprontaram?" Cada passageiro que descia do avião queria apertar minha mão. Contaram que, quando viram as crianças embarcar, pensaram que o vôo seria um pesadelo, mas todas elas foram educadas e respeitosas o tempo todo. O comandante até fez um anúncio sobre a turma e suas boas maneiras. Como as viagens de avião são muito penosas para todos nós, quanto mais agradáveis pudermos ser a bordo melhor.

O elogio mais importante para mim veio de uma mulher, que disse: "Só quero que saiba: mais da metade dos seus alunos esbarrou no meu braço ao passar pelo assento em que eu estava. Mas cada um deles se virou e pediu desculpas."

Regra n.º 28

Na escada rolante, pare à direita, ande à esquerda

Quando tiver que usar uma escada rolante, fique parado do lado direito. Isso dará a quem está com pressa a opção de andar pelo lado esquerdo. Antes de passar por uma porta ou entrar em um elevador ou no metrô, espere as pessoas saírem primeiro.

Depois da faculdade, quando me mudei para Londres, fiquei maravilhado com a educação que todos demonstravam no metrô. A viagem que fiz ao Japão me deixou ainda mais impressionado. Em ambos os lugares, as pessoas faziam esforços extras para abrir caminho umas para as outras e respeitar o espaço alheio. Nas escadas rolantes, sempre paravam à direita e andavam à esquerda. Na frente dos elevadores, se posicionavam de lado e permitiam que os outros saíssem antes que elas começassem a entrar. Tudo era muito organizado e o sistema era subentendido. No Japão, antes que as portas se abrissem no metrô, os usuários se organizavam em fila única e entravam no trem sem trancos nem empurrões.

Durante uma viagem que fiz pelos Estados Unidos, visitando quase todo o país, por vezes fiquei desapontado com a falta de respeito em lugares públicos. Uma coisa que me irrita profundamente é o fato de que a maioria das pessoas parece não saber que nas escadas rolantes devem parar à direita e andar à esquerda. Quase sempre estou atrasado para pegar um avião ou chegar a uma reunião e toda vez que vou usar a escada rolante há o mesmo número de pessoas paradas dos dois lados. Há ocasiões em que tenho vontade de berrar: "Parem à direita, andem à esquerda!" Ainda bem que controlo esse ímpeto e, em vez de liberá-lo, opto por explicar aos alunos como o sistema funciona na esperança de que eles ajudarão a reforçá-lo e compreenderão a importância de respeitar o espaço alheio.

Regra n.º 29

Em um passeio, faça silêncio ao entrar em um lugar público

Em um passeio com a turma, não converse ao entrar em um prédio público. Nossa entrada deve ser tão silenciosa que ninguém chegue a notar que estamos ali. Isso se aplica a qualquer lugar onde haja pessoas reunidas, como um cinema, uma igreja, um teatro, etc.

Estou certo de que, durante um passeio, a maioria dos professores tenta silenciar suas turmas quando entram em prédios e outras áreas, mas é muito mais fácil dizer aos estudantes o que esperamos deles antes de sairmos do que quando já tivermos chegado ao destino. Meus alunos também sabem que, ao entrarmos no metrô, em um restaurante ou em qualquer prédio público, devemos nos deslocar de forma rápida e rasteira. Ao longo dos anos, essa atitude despertou olhares impressionados e agradecidos. Quase todas as pessoas, quando vêm um enorme grupo de crianças entrando em seu estabelecimento, pensam: "Hora de sair daqui!" Freqüentemente, porém, se surpreendem quando constatam que conseguimos colocar o grupo para dentro antes que elas chegassem a perceber que estávamos ali.

Em Nova York, levei minha turma para assistir a uma peça perto da Times Square. Chegamos ao teatro um pouco atrasados e havia cerca de vinte outras turmas em fila do lado de fora, esperando para entrar. Os estudantes das outras escolas não estavam se comportando – na verdade, tinham criado um pandemônio. Disse aos meus alunos para se manterem na fila e em ordem. Afirmei que não nos comportaríamos como aquelas turmas. Logo depois, começamos a entrar no teatro em fila, mas tudo ali estava muito desorganizado. Uma mulher tentava ordenar os grupos e colocá-los em seus lugares, porém havia alunos por toda parte e ninguém realmente sabia para onde ir. Minha classe, obedecendo à nossa regra, entrou sem ruído, em duas filas paralelas. Ficamos perto da porta atrás de todos e esperamos. De repente, a encarregada notou nossa presença e perguntou onde estava o professor do grupo. Ergui a mão e ela disse: "Muitíssimo prazer em conhecê-lo. Venham por aqui." Fomos os primeiros a ser conduzidos para dentro do teatro e ganhamos lugares na primeira fila.

Às vezes pode parecer que o respeito pelos outros não causará impacto, especialmente quando ninguém por perto está dando a mínima para as boas maneiras. No entanto, normalmente é essa a ocasião em que atos bem-educados serão mais valorizados e reconhecidos.

Regra n.º 30

Em um passeio, elogie o lugar que está visitando

Em um passeio com a turma, é uma boa idéia você elogiar algo do lugar em que estivermos. Por exemplo, em uma visita à casa de alguém, é um gesto gentil dizer ao anfitrião que você adorou um quadro ou algum objeto de sua casa. As pessoas sempre ficam apreensivas quando recebem alguém, portanto faça com que se sintam à vontade. Da mesma forma, quando formos a outros locais, como museus ou teatros, é uma atitude simpática comentar a beleza arquitetônica da construção ou dizer ao guia que as instalações são muito agradáveis.

Quando visito as casas dos pais de meus alunos, sempre procuro deixá-los à vontade e fazer com que se sintam tão confortáveis quanto possível. É evidente que eles devem ter dedicado algum tempo à limpeza e aos preparativos para a visita, e quero que saibam que valorizo seu esforço e que gosto da sua casa. Quando entro, logo procuro encontrar algo que eu aprecie ou considere interessante, e digo isso à família. Essa atitude ajuda a deixá-los mais relaxados.

Raramente levo as crianças em passeios em que precisam visitar a casa de alguém, mas já fizemos isso algumas vezes e lhes pedi que se lembrassem dessa regra e elogiassem o ambiente quando fosse adequado. Quando visitamos a Casa Branca, três dos meus alunos, Brian, Ashley e Kyeatta, estavam prestes a ser apresentados ao presidente. Enquanto esperávamos para entrar no Salão Oval, eles conversaram com assistentes do presidente. Brian disse a um deles: "Esta casa é fascinante e é magnífico aquele quadro de uma das batalhas da Guerra da Independência." Os assistentes ficaram tão impressionados com a educação de Brian quanto com seu conhecimento de todas as telas na casa. Os três alunos, que tiveram que se instruir sobre todas as obras de arte da Casa Branca antes da viagem, acabaram levando os assistentes em uma espécie de passeio, mostrando-lhes tudo o que tinham aprendido e destacando fatos interessantes sobre a residência.

Quando vamos a passeios desse tipo, faço questão de que os alunos estejam preparados, saibam o que vão ver e recebam exemplos de coisas que poderão elogiar. Algumas pessoas podem achar que estou colocando palavras na sua boca, mas na verdade são crianças, sou seu professor e elas precisam de treino. Meu objetivo é lhes dar instrumentos que possam usar fora da sala de aula e depois que não estiverem mais sob minha orientação.

Regra n.º 31

Na volta de um passeio, agradeça e aperte a mão de todos os acompanhantes

Quando voltarmos de um passeio, você deve apertar a minha mão e as de todos os acompanhantes. Em seguida, agradeça pelo tempo que lhe dedicamos com esse divertimento e nos diga que gostou da oportunidade que teve. Não estou preocupado em receber um agradecimento; só quero lhe ensinar que é adequado mostrar gratidão quando alguém sai da própria rotina para fazer algo por você.

Recordo que meus pais sempre me lembravam de agradecer aos professores e outros adultos por qualquer coisa que essas pessoas tivessem feito para me ajudar. Se eu passasse a noite na casa de um amigo, precisava agradecer aos pais dele por terem permitido que eu ficasse, por terem preparado o jantar e por qualquer outro ato gentil de sua parte. Sempre me disseram para agradecer aos professores depois de passeios e após quaisquer esforços especiais que realizassem em meu benefício. Logo passei a agir assim de forma automática.

Fiquei perplexo quando comecei a dar aulas, porque a maioria dos alunos não havia sido ensinada a ter esse tipo de atitude. Às vezes era embaraçoso pedir que me agradecessem por coisas que eu fazia por eles, mas eu precisava fazer isso para acostumá-los. Mesmo depois de muito treino, ainda havia quem se esquecesse de expressar gratidão a mim e aos outros acompanhantes. É necessário reforçarmos bastante essa regra até que as crianças se habituem.

Havia no Harlem um aluno chamado Tyrone que era uma exceção. Não estava entre os melhores da classe em termos de comportamento nem de desempenho escolar, mas todas as vezes que eu levava a turma em passeios pela cidade fazia questão de incluí-lo. Afinal, após cada programa, ele sempre ficava sinceramente grato por ter sido convidado e jamais deixava de apertar minha mão, me olhar nos olhos, dizer que se divertira muito e agradecer pelo meu tempo e esforço. Tyrone nunca se esquecia de manifestar sua gratidão, portanto eu nunca me esquecia de convidá-lo.

Regra n.º 32
Não fure a fila

Jamais fure a fila. Se alguém fizer isso à sua frente, não diga nem faça nada a respeito. Deixe que aconteça, mas me conte. Lidarei com a situação. Se você reclamar com uma pessoa que furou a fila, poderá ter problemas também. Não vale a pena, basta me dizer o que aconteceu. Por favor, aja do mesmo modo com todos os desentendimentos que tiver com os colegas, trazendo seus problemas a mim antes de tentar resolver o assunto sozinho.

Em meus primeiros anos de ensino, notei que os alunos que mais se metiam em encrencas eram os que protestavam contra um colega que tinha feito algo errado. Por exemplo: Maria fura a fila na frente de Beth, que reclama disso, causando uma grande confusão. Zangada, Beth provavelmente falará alto e será o alvo da minha atenção. Eu queria encontrar um meio de evitar que as crianças agissem por conta própria e de forma inadequada. Disse a elas que me contassem o que havia se passado e eu trataria do problema com calma. Deixei claro que, se protestassem ou brigassem, sua punição seria pior do que a da pessoa que tivesse se portado mal.

Sei que algumas pessoas acham que nem sempre é melhor para os alunos contarem com os adultos para resolverem seus problemas, pois as crianças precisam aprender a lidar com suas desavenças. Mas a minha lógica é esta: um aluno sabe que não pode protestar contra um colega que lhe fez algo, porque sua punição será mais rigorosa do que a da pessoa que agiu mal. Portanto, os que normalmente resolveriam o conflito sozinhos só têm duas opções:

1. Trazerem o problema ao meu conhecimento. Talvez essa pareça ser a reação mais comum, mas não é. A maioria das crianças prefere a segunda opção.

2. Resolverem o caso eles mesmos, calmamente, sem gritos nem protestos. Eles sabem que terão que fazer isso em silêncio, pois do contrário eu os castigarei por não lidarem com a situação do modo adequado. Dessa forma, aprendem a tratar dos problemas com mais maturidade e ordem.

Quando lidamos com mais de trinta crianças na sala de aula o dia todo, cinco dias por semana, precisamos usar qualquer recurso que funcione para mantê-las em harmonia umas com as outras e atentas às tarefas. De tudo o que tentei, esse método parece ser o mais eficaz. Os alunos descobrem que não há problema em pedirem ajuda quando necessitam, mas que é mais compensador resolver um conflito sozinho com eficiência.

Regra n.º 33

No cinema, não converse durante o filme

Quando estamos no cinema, não pode haver nenhuma conversa. Não quero saber o quanto o filme é bom nem o que você quer dizer à pessoa ao seu lado – não é permitido nem cochichar! Você não vai pôr os pés no assento da frente. Se for comer durante o filme, vai ter que fazer isso o mais silenciosamente possível. Caso compre balas, abra a embalagem antes que o filme comece. Deixar para fazer isso durante a exibição irrita as pessoas por causa do barulho. Também é muito grosseiro manter um telefone celular ou um bipe ligados quando você está no cinema.

Sempre fico perplexo quando começo a explicar aos alunos como espero que eles se comportem no cinema. As crianças simplesmente não compreendem por que não podem falar quando têm uma pergunta ou querem fazer um comentário. Não entendem por que não podem abrir um saco de balas se tiverem fome nem pôr os pés nas cadeiras da frente se estiverem desconfortáveis. Isso me mostra que o benefício que desejo que tenham como resultado de seu comportamento não é tão evidente para eles quanto é para mim. Mesmo assim, quando lhes explico o que espero, os alunos agem de acordo com cada uma das minhas solicitações.

Em um dos filmes da série *Todo mundo em pânico* há uma cena em que uma garota conversa pelo celular durante um filme inteiro. As pessoas em volta mandam que cale a boca, e ela comenta: "Paguei para entrar como todo mundo aqui." A cena é engraçadíssima, mas infelizmente é esse o tipo de atitude que muita gente tem. Certa vez fui ao cinema com minha amiga Erica. Ela sabe o que penso sobre esse assunto e me garantiu que tinha desligado o celular. Estávamos sentados na sala lotada quando a ouvi sussurrando e pensei que estivesse falando com a pessoa ao seu lado. Já ia cutucá-la para que ficasse quieta quando notei que Erica estava usando o telefone. Ela olhou para mim, viu que eu não estava contente e sussurrou: "O que é que há? Estava no *vibracall*."

Talvez um mundo onde todos mostrem boas maneiras no cinema seja impossível, mas espero que alertar as crianças para o modo como devem se portar torne esse programa uma experiência mais agradável para muita gente. Na primeira vez em que levei alunos do Harlem ao cinema, passei o tempo todo fazendo com que parassem de falar e prestassem atenção. No final do ano letivo, quando fomos ver outro filme, as coisas já estavam bem diferentes. Enquanto assistíamos aos trailers, três crianças e sua mãe tagarelavam sem parar atrás de nós. Fiquei tentando atrair a atenção dessa senhora para lhe demonstrar meu olhar de desagrado, mas ela não se virava para mim. Meus alunos estavam em silêncio e procurando ignorar o barulho. Por fim, quando os trailers estavam terminando, um grupo deles me propôs que mudássemos de lugar. Achei uma boa idéia e todos nós, 37 pessoas, nos levantamos, caminhamos pelo corredor e nos dirigimos a outra área do cinema. Não tenho certeza se a aquela mãe entendeu a indireta, mas não é isso que importa. O fundamental é que meus alunos sabiam que o comportamento dela e de seus filhos estava errado. Poucos meses antes, eles o teriam considerado normal e agido do mesmo modo.

Regra n.º 34

Se alguém incomodar você, me diga

Se algum aluno desta escola estiver aborrecendo você, fale comigo. Sou seu professor e estou aqui para cuidar de você e protegê-lo. Não vou permitir que ninguém o intimide ou o faça se sentir desconfortável. Como retribuição, peço que não tente resolver o assunto sozinho. Deixe que eu lido com o aluno.

Essa é uma regra excelente para criar um vínculo moral e familiar na classe. Quero que as crianças se sintam seguras na escola e que me vejam como alguém que lutará por elas e se colocará ao seu lado quando houver necessidade. Alguém poderia dizer: "Sr. Clark, devia deixar que os alunos travassem suas próprias batalhas." Nesse caso, eu responderia que eles já têm lutas demais para enfrentar nos dias de hoje. Além disso, qual é o problema de eu entrar em cena e ajudar em algumas delas? Sei o seguinte: se eu fosse uma criança na escola, gostaria de saber que há alguém ali que toma minhas dores quando mexem comigo.

Lembro-me de um incidente quando eu estava na sexta série. Pisei nas botas de Lisa Tepper e ela ficou tão furiosa que disse que ia juntar os amigos para me dar uma surra. Contei a história à minha irmã. Nossas escolas ficavam no mesmo campus e, no dia seguinte, ela apareceu na porta da minha sala e informou a minha professora, Sra. Woolard, que precisava dar a Lisa um recado importante do gabinete. Lisa saiu para o corredor e até hoje não faço idéia do que minha irmã lhe disse, mas quando voltou estava branca como um lençol. Obviamente o recado não era do gabinete e sim da minha irmã mais velha. Ela lidara com o assunto e nunca mais ouvi uma só palavra negativa de Lisa Tepper.

Quero ser essa influência nas vidas dos meus alunos. Deixo perfeitamente claro que serão protegidos e cuidados enquanto estiverem na minha classe. Quando me contam que outra criança da escola os intimidou de um modo ou outro, afirmo que não vou tolerar isso e que esse será um assunto de prioridade máxima. Na primeira oportunidade, junto os dois alunos, normalmente na frente da sala de aula do outro estudante.

Lembro-me de uma vez no Harlem em que Jeremy, um dos meus alunos, me disse que um menino chamado Mark o estava insultando. Durante um intervalo, percorri o corredor com Jeremy e tirei Mark da sua sala. Contei-lhe o que tinha ouvido e depois escutei sua versão da história. Ele negou que tivesse feito algo errado, mas isso não me levou a mudar de atitude. Ergui a sobrancelha, olhei nos olhos dele o mais seriamente possível e disse rangendo os dentes: "Não me importa o que aconteceu. O que me importa, *sim*, é que *nunca* mais aconteça nada parecido. Não sou seu professor, mas quero que entenda bem: está vendo este aluno aqui? Ele é meu aluno, da minha sala, e você não vai falar com ele, caçoar dele ou intimidá-lo, porque se fizer isso vai ter que acertar as contas comigo. Está claro?" Depois olhei para Jeremy e fiz a ele o mesmo discurso sobre deixar Mark em paz. Disse-lhe que, se alguma vez ele fizesse algo a Mark, teria que acertar as contas comigo também. Falar com os dois alunos equilibra as coisas e demonstra que os estou punindo igualmente. Nesse caso, eu não queria que parecesse que eu estava tomando as dores apenas do meu aluno e que ele não era capaz de cuidar de si mesmo. Isso poderia ser embaraçoso para Jeremy e piorar as coisas.

Depois disso não houve mais problemas entre eles e percebi que para Jeremy foi importante eu confiar nele e tomar seu partido. Esse tipo de apoio de um adulto significa muito para uma criança e contribui bastante para criar confiança.

Regra n.º 35

Parabenize os colegas de turma

Se alguém da classe ganhar um jogo ou fizer algo bem-feito, você e todos os outros alunos têm que dar os parabéns a essa pessoa. Os aplausos devem durar pelo menos três segundos, e é preciso que as palmas inteiras das duas mãos se toquem para que o som seja alto o suficiente. (Sei que dizer isso desse modo faz com que eu pareça um maluco, mas as crianças adoram.)

Imaginemos uma partida de futebol ou de basquete. O que acontece quando um jogador faz um gol ou uma cesta que garante a vitória ao time? A multidão enlouquece e aplaude o atleta. Acho que deveríamos ter esse tipo de ambiente de apoio e camaradagem em todas as áreas onde precisamos atuar em equipe para alcançar objetivos: no trabalho, em casa e especialmente na sala de aula. Sempre que as pessoas recebem elogios e recompensas por seus esforços, seu desempenho melhora. Isso é óbvio, mas por alguma razão ainda há pais que não estão torcendo pelos filhos, e diretores de escola e outros líderes que não se preocupam em criar o tipo de clima em que os colegas celebram as conquistas uns dos outros.

Tento dar aos alunos o exemplo de como um time ou uma família de verdade apoiaria e aplaudiria os esforços alheios. No primeiro dia de aula faço um discurso mais ou menos assim:

> Há alguém aqui que não gosta de receber parabéns quando faz algo bem-feito? Claro que não, todos nós gostamos. Bem, neste ano vamos ser uma família, e nas famílias uns ficam do lado dos outros, se

apóiam e se parabenizam pelo sucesso. É esse o tipo de ambiente que vamos ter nesta classe. Portanto, se alguém fizer algo bem-feito, vamos fazer com que essa pessoa saiba disso. Vocês podem simplesmente dizer "Bom trabalho!" ou mesmo aplaudir o esforço dela. Não importa como vão fazer isso, o que interessa é que se empenhem em mostrar consideração por uma tarefa bem realizada.

Em seguida, dou à turma exemplos de ocasiões em que seria adequado aplaudir outros alunos. Às vezes, isso pode ser feito depois de um bom comentário, de uma nota alta na prova ou da excelente redação de um texto. Mesmo que alguém tire uma nota baixa, devemos aplaudir se esse resultado mostrar uma melhora em relação ao anterior. Realizamos então alguns exercícios de encenação e treinamos bater palmas – sim, treinamos bater palmas. Eu sempre digo que não pode existir aplauso pela metade. Todos os alunos têm que aplaudir de um modo que demonstre respeito e consideração. Antes de eu começar a lhes ensinar isso, em geral metade deles bate palmas, um quarto mal encosta as mãos e os demais ficam em algum planeta distante. Após algumas instruções detalhadas, a classe inteira entra no ritmo.

Às vezes os estudantes batem palmas para o comentário ou a nota de um colega que não foram bons o suficiente para merecerem aplausos. A regra é: se alguns alunos começarem a bater palmas, *todos* nós vamos fazer isso também, pois supomos que os que começam a aplaudir viram algo que apreciaram. Seria muito pior ouvirmos algumas palmas fracas do que todos nós aplaudirmos alguma coisa que talvez não tenha muito valor.

Sendo um só professor em uma turma de 37 alunos, era quase impossível dar a todos eles a atenção e os elogios que mereciam. Ficou muito mais fácil quando passei a ter na sala crianças que constantemente procuravam aplaudir as realizações umas das outras. O reconhecimento do professor é sempre bem-vindo, mas o elogio dos colegas pode ter um efeito muito maior.

Os professores que visitam minha classe sempre comentam o fato de as notas dos alunos ficarem expostas por toda a sala. Isso foge um pouco ao padrão, pois a orientação é não revelarmos as notas para não ferir os sentimentos dos estudantes. Descobri que compartilhá-las com a turma pode ser uma experiência muito positiva, desde que isso seja feito em condições adequadas. Primeiro, não exponho todas as notas, pois seria impossível. Tento escolher as que estão relacionadas a tarefas que todos os alunos podem realizar bem, caso se empenhem. Segundo, procuro selecionar tarefas e notas que possam ser acompanhadas por um certo período. Por exemplo, todas as noites eles têm que fazer uma leitura. Na manhã seguinte recebem um teste de múltipla escolha com dez questões sobre o texto designado. Consigo avaliar os testes em menos de cinco minutos e sempre os devolvo no mesmo dia. Enquanto faço a distribuição, vou escrevendo as notas em um quadro que fica exposto durante todo o período de avaliação. Torno esse momento em que listo os resultados uma grande ocasião: chamo o nome do aluno, faço uma pausa de alguns segundos e digo a nota em voz bem alta – se for dez, a plenos pulmões. A classe aplaude e o rosto da criança se ilumina de forma esplêndida. A nota nove também recebe aplausos. As notas oito e sete são aplaudidas quando revelam uma melhora. Os alunos adoram isso e passam o dia na expectativa desse momento.

Ensinar em condições como essas é uma experiência positiva e muito divertida. Acredito que deveríamos tentar recriá-la em todas as salas de aula e em todos os locais de trabalho.

Regra n.º 36

Não olhe para um colega que está sendo repreendido

Se eu ou qualquer outro professor da escola estiver falando seriamente com um aluno ou censurando-o, não olhe para esse estudante. Você não gostaria que outras pessoas o encarassem se estivesse com problemas ou sendo repreendido, portanto não volte o olhar para alguém que esteja nessa situação. Se for você o aluno com quem estou falando, não fique zangado nem preocupado com os colegas que estão olhando para você. Fale comigo e lidarei com a situação.

Essa regra foi criada exclusivamente por causa de Julia Jones. Ela era capaz de fazer tudo o que se possa imaginar e por isso vivia metida em problemas. Quando eu a repreendia, as coisas ficavam ainda piores sempre que outros alunos assistiam à cena. Ela os atacava, verbal ou fisicamente e se tornava extremamente hostil. Eu sabia que precisava evitar a todo custo que isso acontecesse. Por esse motivo disse a todas as crianças que, quando eu estiver repreendendo alguém, elas não devem olhar. Têm que manter a cabeça baixa ou voltada para a frente. Essa regra funcionou feito mágica, não somente com Julia como também com todos os outros alunos.

Imaginemos que um guarda nos faça parar por excesso de velocidade. Ele nos manda sair do carro. Enquanto falamos com o policial, todos que passam por ali se viram para nos olhar. Não é uma sensação boa – na verdade torna as coisas bem mais difíceis. Minha colega de ensino Barbara Jones sempre dizia que seu maior medo era ser parada por um guarda e ônibus escolares passarem com todos os seus alunos acenando e apontando pela janela. Sermos punidos é uma coisa, algo bem diferente é estarmos encrencados, todas as pessoas saberem disso e nos verem quando estamos sendo censurados.

Na escola, as crianças inevitavelmente se metem em problemas e há ocasiões em que precisam ser repreendidas. Para evitar o embaraço e a raiva criados pelo fato de a cena virar um espetáculo público, não abro mão de que elas conheçam e compreendam essa regra. Deixo claro que, se um aluno encarar alguém com quem estou falando com severidade, o estudante que estiver olhando também será punido.

Regra n.º 37

Cubra a boca quando espirrar ou tossir e peça desculpas

Sempre que você tossir, espirrar ou arrotar, vire a cabeça na direção contrária à que as pessoas estão e cubra a boca com a mão toda. Usar o punho não é aceitável. Depois é recomendado dizer "Desculpe".

Essa regra parece muito simples, mas é surpreendente o número de crianças que nunca receberam essa orientação. Na verdade, sempre reparo em adultos que tossem e espirram em público sem cobrirem a boca com a mão. Detesto imensamente andar de metrô em Nova York na época em que há mais incidência de resfriados e gripes, pois é inevitável que alguém acabe ficando em pé bem atrás de mim, tossindo e espirrando na minha nuca. Certa vez, vi uma mulher espirrar em cima de outra mais baixa que estava ao seu lado, e foi como um desses anúncios de

TV em câmara lenta. A saliva e o vapor formaram uma nuvem em torno do rosto dela e depois caíram como um cobertor na mulher mais baixa. Lembro-me de ter pensado: "Misericórdia, esta coitada acaba de pegar gripe."

Uma coisa importante para a qual chamo a atenção das crianças é que, depois de tossirem ou espirrarem na mão, devem lavá-la assim que for possível. Do contrário, passarão os micróbios para tudo e todos que tocarem.

Para ajudar os alunos a se lembrarem dessa regra, eu lhes falo sobre uma antiga superstição que diz o seguinte: quando espirramos, maus espíritos pulam para dentro do nosso corpo. Por isso, se não cobrirmos a boca, eles entrarão. Quando alguém espirra, costumamos dizer "Saúde!". Explico-lhes que provavelmente essa expressão é usada para o caso de a pessoa não ter conseguido tapar a boca a tempo e os espíritos terem entrado no seu corpo. As crianças adoram histórias assim e isso as estimula a seguir o conselho com mais freqüência.

Regra n.º 38

Não expresse falta de respeito por meio de gestos

Não dê muxoxos, não revire os olhos nem use qualquer gesto para demonstrar desrespeito.

Muito tempo e muita confusão são poupados quando essa regra é seguida. Certamente, todo mundo já teve à sua frente alguém dando muxoxo ou revirando os olhos. As crianças, e os adolescentes em especial, adoram fazer isso, mas consegui eliminar totalmente essa prática das minhas aulas apenas chamando a atenção para ela e determinando que na minha sala isso não acontecerá. No primeiro dia de aula, pergunto se alguém na turma é bom em dar muxoxo. Normalmente não são poucos os alunos que se dispõem a fazer uma demonstração. Depois peço que mostrem como reviram os olhos. Em seguida, combino com a classe que faremos as duas coisas e todos damos muxoxos e reviramos os olhos ao mesmo tempo.

Costuma ser muito divertido e sempre há alguns alunos, os profissionais, que acrescentam uma entortada de pescoço e alguns estalos de dedo. Explico a eles que isso é um desrespeito e que às vezes a pessoa pode se meter em um grande problema mesmo sem dizer uma única palavra, basta fazer qualquer manifestação desse tipo.

Após essa discussão, estamos prontos para realizar algumas encenações. Combino com uma aluna que vou repreendê-la por ela não estar prestando atenção na aula e peço que responda dando muxoxos e revirando os olhos. Explico que em seguida a mandarei escrever seu nome no quadro-negro. Praticamos o exercício e todos compreendem por que o nome da menina foi posto ali.

É um treino compensador: uma semana depois, quando pego um aluno dando muxoxo e revirando os olhos, peço que ele ponha seu nome no quadro-negro e não ouço nenhuma reclamação. Normalmente, a tentativa de castigar as crianças por esse comportamento é como pôr gasolina em um incêndio: os muxoxos aumentam, os pescoços começam a entortar e acontece o diabo. Deixo claro que em minha sala qualquer manifestação desse tipo, por menor que seja, será punida, e mantenho-me coerente.

No meu primeiro ano como professor dei aulas para uma garotinha chamada Antoinkena que era uma verdadeira metralhadora. Tinha os cabelos puxados em ponta no alto da cabeça e os olhos do tamanho de nozes. Embora fosse a menina mais baixa da turma, sua presença era poderosa: todos os alunos tinham medo dela e acho que alguns professores também. Sem dúvida, uma mocinha difícil cuja marca registrada era dar muxoxos e revirar os olhos. Nessa época, eu ainda não possuía muita experiência no trato com crianças. Assim, quando ela me escolheu para uma demonstração dessas suas principais habilidades, fiz a única coisa que me veio à cabeça: com uma das mãos repuxei todo o meu cabelo até fazer uma ponta, chupei os lábios como um peixe e revirei os olhos na direção dela.

Essa pode não ter sido a melhor maneira de resolver o problema, mas Antoinkena ficou congelada. Sem dúvida chamei sua atenção. Ela me fitou por um minuto, chocada. Então sorri, ela sorriu, e daí começamos a rir. No caso dessa aluna e de outras crianças de temperamento semelhante, às vezes é necessário agir de modo incomum para repreendê-las e conseguir que se comportem. De algum modo, a imitação que fiz dela funcionou, pois nunca mais ouvi seus muxoxos. Acho que ela sabia que se fizesse isso eu revidaria imediatamente.

Apesar de essa tática ter dado resultado com Antoinkena, obviamente não foi o melhor modo de resolver a situação. A maneira ideal de evitarmos que as crianças se expressem dessa forma é fazer com que elas saibam exatamente o que esperamos delas em termos de gestos e atitudes e também que estejam conscientes das conseqüências desse tipo de comportamento.

Regra n.º 39

Nunca critique um presente nem a pessoa que o está dando a você

Quando alguém lhe der algo, nunca magoe a pessoa fazendo comentários negativos sobre o presente ou insinuando que não gostou dele.

Certa vez, levei os melhores leitores da minha classe para assistirem a um jogo de basquete profissional. Eles tiveram a oportunidade de dormir uma noite no hotel, encontrar-se com os jogadores e curtir a partida. No mês seguinte, o prêmio para os melhores leitores seria um passeio à pista de boliche local. A disparidade entre os dois programas era flagrante e, sem dúvida, os alunos não deixaram de notá-la. Comentaram em voz alta a diferença entre os passeios e isso realmente me magoou. A maioria dos professores não levava os alunos a lugar nenhum e os meus estavam se queixando de que a ida ao boliche não era algo tão bom assim. Para ensinar-lhes uma lição, cancelei o passeio e não lhes dei nenhum prêmio. Essa atitude pode ter parecido rude, mas foi um modo muito eficiente de transmitir minha mensagem aos estudantes ingratos, e espero que a lembrança da razão pela qual foram punidos permaneça por bastante tempo.

É irritante darmos um presente que não é valorizado. Não chega a surpreender que meu pequeno sobrinho Austin tenha dificuldade em ser cortês. Minha irmã, Tassie, e o marido adotaram-no da Ucrânia, e quando ele chegou aos Estados Unidos aos quatro anos de idade dava muito valor a tudo. Sempre que recebia um presente, removia o papel de embrulho com todo o cuidado, o dobrava e o colocava de lado. Então abria a caixa delicadamente para ver o que havia dentro. Seu rosto sempre se iluminava, e ele abraçava o que houvesse na caixa – meias, livros, camisas, o que fosse. Agora, mais de um ano após a sua chegada, as coisas mudaram bastante. Muitas vezes o presenteio com brinquedos e jogos, porém ultimamente tenho lhe dado mais roupas do que outras coisas. Agora, ele abre os embrulhos rasgando o papel de forma selvagem (não posso culpá-lo por isso, afinal essa é a parte divertida). Mas quando Austin vê que está ganhando roupas, franze a testa e diz "Tio Roooooonnnnnnnn!", como se eu devesse ter mais bom senso e não lhe comprar algo tão sem graça. Acho que todas as crianças se *sentem* assim. Contudo, em sinal de respeito por quem lhes deu o presente ou qualquer tipo de prêmio, é importante ensinar-lhes que não devem agir assim. Estou trabalhando nisso com Austin, mas na idade em que ele está vai ser necessário um bom treino. No entanto, nas últimas vezes em que o presenteei com roupas, sua resposta foi sempre: "Tio Ron, adorei de verdade." Ele está aprendendo.

Regra n.º 40

Ao corrigir a prova de um colega, dê apenas a nota certa

Às vezes corrigimos as provas uns dos outros em grupo. Mas, se ao avaliar a prova de alguém, você der uma nota incorreta, seja maior ou menor que a merecida, a diferença entre essa nota e a real será subtraída da sua prova. As únicas anotações que você pode fazer nas folhas são o X para as respostas erradas e uma marcação com o total de erros.

Como adultos, sempre somos colocados em situações em que temos que observar o desempenho de alguém e fazer um julgamento. Isso acontece constantemente no trabalho: às vezes temos que entrevistar candidatos, fazer avaliações de colegas ou escolher parceiros de negócios. Observando o modo como nossos companheiros de equipe procedem, somos capazes de aprender muita coisa sobre nós mesmos e sobre o nível de realização que devemos procurar atingir. Avaliar alguém e depois lhe dizer o que, em síntese, pensamos de suas habilidades pode ser algo muito desafiador, e precisamos ter muita autoconfiança para fazer isso. Antes de sermos capazes de mostrar a uma pessoa o que está certo ou errado no modo como ela atua, temos que nos sentir seguros quanto ao nosso próprio desempenho. Ensinarmos aos alunos a analisar o trabalho uns dos outros e treiná-los nas técnicas apropriadas de exteriorizar um julgamento ajuda a prepará-los para o que vão enfrentar na vida mais tarde.

Infelizmente, alguns sistemas escolares não permitem que os estudantes dêem notas às provas dos colegas porque isso pode causar embaraço a quem não alcançou uma boa avaliação. Acredito que essa orientação se aplica a situações em que essa atividade nao é desenvolvida sob a supervisão correta e em uma turma que não apresenta as condições adequadas para isso. No entanto, como expliquei antes, se for criado um clima de apoio que permita aos alunos se sentirem à vontade com o fato de os demais conhecerem suas notas, o compartilhamento de seus resultados pode ser muito útil e contribuir bastante para motivá-los.

Em primeiro lugar, a avaliação das provas pelos próprios alunos é feita rapidamente e fornece ao professor uma resposta imediata sobre o desempenho da turma. O principal problema é que os estudantes podem ficar magoados pelo fato de os colegas saberem suas notas. Assim, muitas vezes lhes digo para não escreverem seus nomes nas provas. Depois de dar uma lição, solicito a todos que peguem uma folha de papel. Em seguida, faço de cinco a dez perguntas e peço que me entreguem as respostas. Imediatamente, viro as folhas ao contrário e as distribuo, de forma que ninguém sabe exatamente de quem é a prova que está corrigindo. Anuncio as respostas e então peço que eles levantem a mão para cada tipo de nota que tiverem dado: a máxima, menos um ponto, menos dois pontos e assim por diante. Isso me fornece uma indicação boa e quase instantânea do quanto a classe compreendeu o que ensinei. Portanto, esse método de avaliação serve a um propósito sem deixar ninguém envergonhado. Como os nomes não são escritos nas folhas, eu simplesmente as recolho e as jogo no lixo, pois já tenho a informação de que preciso.

Quando desejo ter uma idéia mais específica de como cada criança está se saindo, solicito a todos que escrevam seus nomes nas provas. Depois da avaliação, digo a eles para permanecerem com a prova que corrigiram. Em seguida, peço-lhes que levantem as mãos para indicarem o número de questões erradas antes de me devolverem as folhas. Isso evita que alguém se sinta humilhado por ter que erguer a mão mostrando que tirou uma nota baixa. Às vezes peço aos alunos que deram notas máximas que anunciem os nomes dos colegas que alcançaram esses excelentes resultados.

Antes de fazermos uma turma avaliar provas com nomes, é importante adotarmos estes dois procedimentos:

1. Dizer aos alunos que a privacidade tem que ser necessariamente mantida sempre que avaliarem a prova de alguém. Eles não estão autorizados a comentar a nota do colega com ninguém, nem sequer com o "dono" da prova.

2. Deixar claro para as crianças que durante a avaliação elas só têm permissão para escrever o seguinte nas folhas: X para as repostas incorretas e uma marcação final no cabeçalho mostrando o total de erros. Isso é importante porque alguns alunos acabam se entusiasmando e anotando coisas como "Aí, garota!", "Meu Deus, você foi

mal!" ou "Estava pensando em quê?". Esses são comentários reais que já os vi escrever nas provas. A limitação do que podem anotar também evita que mudem uma resposta. Se estivermos repassando as respostas com a turma e virmos um estudante redigindo palavras, saberemos que há algo errado, pois não há motivo para que ele escreva nada além do X.

Regra n.º 41

Acompanhe a leitura em grupo

Quando lemos juntos na sala de aula, você precisa acompanhar. Se eu lhe pedir para ler, tem que saber exatamente em que ponto estamos e começar a leitura na mesma hora.

Lembro-me de estar sentado na classe, como aluno, enquanto líamos em grupo. Às vezes, entediado, eu fitava a página em que estávamos e sonhava acordado com qualquer coisa. Raramente prestava atenção nos detalhes do texto, mas sempre conseguia apreender o sentido geral do que estava sendo lido. Simplesmente essa atividade não me estimulava o bastante para exigir minha atenção plena.

Como adulto, muitas vezes me vi em reuniões em que sentia o mesmo tipo de tédio e parava de prestar atenção no que estava sendo discutido. Para me livrar disso, tive que me forçar a ser um participante ativo. Pensava em perguntas, fazia comentários e tomava notas. Tentava aproveitar da melhor maneira o tempo que passava em uma reunião, já que precisava estar ali de qualquer maneira. Muitas vezes nem tinha a oportunidade de expor meus comentários nem de fazer perguntas, mas só o fato de condicionar minha mente para que a qualquer momento eu pudesse falar ou erguer a mão me colocava em uma situação diferente. Meu coração batia um pouco mais rápido e eu ficava atento.

Procuro fazer com que os alunos aprendam a ser participantes ativos dessa forma. Desejo que se fixem na tarefa, que acompanhem a leitura e se preparem para fazer observações ou perguntas durante toda a lição. Em minha sala, ninguém relaxa o corpo nem fica olhando pela janela. Todos têm que permanecer concentrados e tomar parte na lição e nas discussões.

Quando lemos em conjunto, conseguir que todos fiquem atentos ao mesmo tempo pode parecer pouco realista e até mesmo impossível. Descobri que a leitura é o assunto que os alunos consideram mais enfadonho. Alguns deles a odeiam, especialmente quando se trata da leitura silenciosa.

Ler e se concentrar no texto pode ser uma verdadeira luta. É claro que há alunos que adoram essa atividade e que prestam atenção sem que isso exija muito esforço do professor. Mas são os estudantes que detestam ler e que têm dificuldades com isso que eu tento alcançar quando faço leituras com a turma.

Veja a seguir três das estratégias que uso:

Estratégia 1

Quando faço uma leitura com os alunos, leio com vigor, com energia e expressividade. Tento me livrar de todas as inibições e "me transformar" no personagem. Às vezes, enquanto leio pulo na carteira de alguém, salto para outra carteira, berro ou caio no chão. Faço qualquer coisa possível para tornar a leitura mais vívida e transportar a turma para aquele ponto da história. Uso mil vozes diferentes e há ocasiões em que as crianças aplaudem quando termino um trecho do texto. Elas valorizam sinceramente meu esforço para dar vida às leituras e tornar a história emocionante. O modo como leio acaba sendo adotado pelos alunos, pois eles também lêem com expressividade e têm suas próprias vozes de personagens. Isso torna toda a experiência mais agradável e lhes ensina o quanto a leitura pode ser cativante.

Estratégia 2

Tento selecionar romances e textos que considero encantadores, atraentes e cheios de personagens intrigantes. Um dos principais testes que uso ao selecionar o texto é me perguntar se eu mesmo gostaria de ler aquilo. Quando a resposta é não, escolho outra coisa. Ouço crianças dizerem o tempo todo que não gostam de ler. Sempre lhes digo que simplesmente talvez não estejam lendo as coisas certas.

Estratégia 3

É nesse ponto que essa regra passa a vigorar. Se os textos que selecionei forem interessantes e os lermos de forma intensa e expressiva, acredito que os alunos não têm motivo para não prestar atenção na tarefa. Portanto, estabeleci a seguinte norma: se eu vir que um deles não está com os olhos postos na página ou se eu pedir a uma criança que leia e ela não souber em que trecho estamos, seu nome irá para o quadro-negro. No começo, sempre preciso escrever diversos nomes ali. Alguns estudantes preferem observar minhas expressões faciais a acompanhar as palavras na página, e leva um tempo para que aprendam a "ver" a história em sua mente. Todos os dias, também reservo uns minutos para ler para as crianças trechos de um romance que elas não têm a obrigação de acompanhar. Isso as ajuda a desenvolver suas habilidades de compreensão auditiva e lhes dá a oportunidade de "assistir ao show".

Por que é tão importante fazer com que os alunos acompanhem quando lemos juntos? Primeiro, enquanto lemos eles estão vendo palavras novas e ouvindo as pronúncias, o que enriquece a sua capacidade de compreensão verbal e sua base vocabular. Isso também os ajuda a observar o ritmo apropriado do texto.

No entanto, o mais importante é que os estou treinando para que aprendam a concentrar a atenção enquanto lêem e a apreender o conteúdo à medida que prosseguem.

Regra n.º 42

Dê respostas completas para as perguntas escritas

Responda a todas as questões escritas com uma frase completa. Por exemplo, se a pergunta for "Qual é a capital da Rússia?", você deve responder: "A capital da Rússia é Moscou." Durante as conversas, também é importante usar sentenças completas em atenção à pergunta que a pessoa está lhe fazendo. Por exemplo, se alguém perguntar "Como vai?", em vez de responder apenas "Bem", você deve dizer: "Vou bem, obrigado. E você?"

Essa regra ajuda os alunos a exercitar o domínio da linguagem escrita. Auxilia-os a desenvolver e organizar seus pensamentos, sobretudo quando as questões requerem uma resposta curta porém pensada. Por exemplo, a questão "Você acha que a proposta de aumentar o dia letivo em 45 minutos deve ser aprovada?" pode ser respondida negativamente, sem explicação, a não ser que as crianças sejam ensinadas a responder com profundidade e pensamentos completos.

Minha colega Barbara Jones, professora na Carolina do Norte, dava aulas de Matemática e Ciências, mas realizava um esplêndido trabalho ao integrar a redação às suas matérias. Ela pedia aos alunos que mantivessem um diário de Matemática e nele explicassem o modo como resolviam os problemas. Barbara os orientava a sempre começarem a resposta reafirmando a pergunta e usando sentenças completas. Esse era um excelente meio de integrar as matérias, e eu, que ensinava redação aos alunos, valorizava o esforço extra que ela fazia trabalhando com eles a habilidade da escrita.

Na Carolina do Norte, todo ano os alunos de quinta série passam por um teste de avaliação promovido pelo estado do qual todas as escolas participam. Eles têm que ler um trecho de um texto e depois responder de forma breve a questões sobre o conteúdo. Em certas épocas, tive em minha classe crianças que não sabiam ler e outras que estavam muito abaixo do nível da série. No entanto, quando trabalhávamos com redação, eu sempre as instruía a responder às questões do seguinte modo:

(Este é um esquema simplificado da técnica)

Exemplo de uma pergunta:
Dos jogadores de futebol, qual você acha que se saiu melhor: Pedro ou João?

1. **Reafirme a pergunta e dê sua resposta:**
   Dos jogadores de futebol, acho que Pedro foi o melhor.

2. **Dê um motivo pelo qual você acha isso:**
   Pedro foi melhor porque fez o gol decisivo.

3. **Sustente sua resposta:**
   Como ele fez o gol decisivo, demonstrou que conseguiu se manter calmo sob pressão e que estava determinado a ganhar.

4. **Reafirme a pergunta e encerre:**
   Portanto, acho que Pedro foi um jogador melhor do que João.

Após muito trabalho e prática desse esquema básico, os alunos logo aprenderam a escrever respostas bem desenvolvidas e pensadas para qualquer pergunta. Depois de dominarem essa técnica, muitos deles foram capazes de usar o esquema para escrever respostas mais criativas, elaboradas e com a organização necessária para fazer com que as redações fossem de primeira qualidade. Até mesmo as crianças que não sabiam ler acharam o esquema fácil de aprender e também o usaram com sucesso.

No meu primeiro ano de ensino, eu só passara três semanas com a turma quando o teste de avaliação foi aplicado, e muitos dos alunos que não sabiam ler ficaram ali sentados, olhando para o papel, sem nada escrever. Isso me partiu o coração, mas eu só podia sorrir e lhes dizer que tentassem ao máximo. Nessa época, eu dava aulas para as duas classes de quinta série da escola e tivemos a pior pontuação da cidade. No ano seguinte decidi que nossas notas seriam maiores. Desenvolvi o esquema de redação e trabalhamos nele durante todo o ano e em todas as matérias. Quando os resultados do teste chegaram, vimos que todos os alunos da quinta série haviam sido aprovados e que nossa escola alcançara a primeira colocação da cidade. Alguns alunos, apesar de lerem no nível da primeira série, conseguiram passar porque tinham aprendido a reafirmar a pergunta, dar uma resposta, sustentá-la e reafirmá-la para o encerramento.

Regra n.º 43
Faça o dever de casa todos os dias

As lições de casa de todas as matérias devem ser entregues todos os dias por todos os alunos, sem exceção.

Como adultos, estamos habituados a prazos, datas de vencimento e à pressão da pontualidade. Temos que pagar contas em dias certos, entregar serviços e terminar tarefas com rapidez e eficiência. Quando falo com os alunos sobre suas atribuições e o que espero deles, parto do princípio de que essas atividades fazem parte de seu trabalho. Quero que aprendam a ser pontuais e hábeis enquanto ainda são jovens.

Um modo de conseguir isso é determinarmos que cada criança faça todas as lições de casa todos os dias. É uma missão quase impossível, certo? Não exatamente. Se ela for administrada corretamente, todos os alunos terminarão os deveres e os entregarão a tempo, mas algum esforço é necessário. Tomo três medidas para que isso aconteça.

1. *O castigo* – Se um aluno não faz o dever de casa, recebe um aviso de castigo e, no dia seguinte, deve ficar na escola por uma hora após as aulas para fazer trabalhos adicionais. Isso é eficaz, mas não podemos esperar resultados somente pela punição. Se for só castigo, pouco adiantará.

2. *Cartaz de registro das lições de casa* – Mantenho um enorme cartaz do lado de fora da sala em que acompanhamos por quantos dias corridos todos os alunos da classe fizeram todas as tarefas de casa. É um texto simples, que diz o seguinte:

TODOS OS ALUNOS DESTA CLASSE TERMINARAM
SUAS LIÇÕES DE CASA DURANTE ______ DIAS CORRIDOS.

A cada dia, depois de conferir se todas as crianças fizeram as lições, altero o total. Elas adoram isso e trata-se de um motivador muito poderoso. Nos primeiros dez dias corridos, os alunos não recebem prêmios. No entanto, a cada dia *após* essa seqüência de dez dias, se a classe continuar concluindo todas as tarefas de casa, faço guloseimas à noite e as dou a eles na hora do almoço. Por exemplo, no décimo primeiro dia posso distribuir biscoitos; no décimo segundo podem ser fatias de bolo.

Provavelmente alguém está pensando: "Meu Deus, esse doido assa coisas todas as noites para as crianças!" Mas é assim que vejo a situação: *todos* os alunos da minha classe estão concentrados em terminar corretamente todas as tarefas (por sinal, dou bastante lição de casa). Na verdade, só preciso bater uma mistura de massa comprada pronta, assá-la, cortá-la em pedaços e levá-los à escola. Não acho que isso seja demais se obtenho resultados tão espetaculares da turma inteira. O recorde de dias corridos foi 62. Nesse ano, assei bolos e biscoitos alucinadamente. Era meu primeiro ano no Harlem e as crianças saíram de trinta por cento de participação nas lições de casa para cem por cento, e suas notas nas provas de encerramento da série foram altíssimas. Sei que em grande parte isso ocorreu por causa de sua aplicação e assiduidade em relação aos deveres de casa.

3. *Uso a pressão dos colegas* – Evidentemente, a turma não vibrava muito quando um aluno se esquecia da lição de casa e fazia com que toda a classe voltasse ao início, para "zero dias corridos". Na verdade, nunca tive que repreender a criança que quebrava a seqüência. O peso por ter feito isso normalmente era suficiente. De fato, a quantidade de pressão que eu deixava os outros estudantes aplicarem dependia do tipo de aluno que não havia cumprido a tarefa.

Vejamos o caso de Jarron. Quando ele quebrou a seqüência, não pareceu importar-se. Simplesmente esse era o seu jeito. Ele era um menino muito despreocupado e parecia tranqüilo apesar de ter arruinado o trabalho de toda a turma. Então deixei os colegas cuidarem dele. Vi como o encaravam, percebi o estardalhaço que fizeram com ele na hora do almoço, observei-os enquanto o lembravam da tarefa de casa... e eu não disse nada. Sabia que Jarron agüentaria o tranco e isso acabou reconduzindo-o ao caminho certo.

A situação com Alison era diferente. Os comentários do

resto da turma a irritavam e tinham de fato um impacto negativo. Sua atitude era de que não ia fazer o dever de casa só porque todos a estavam forçando a isso. Portanto, quando ela não completava a lição, eu dizia às crianças que a deixassem em paz, pois sabia que, se começassem aborrecê-la, ela não cumpriria a tarefa de jeito nenhum. Quando não a pressionavam, a chance de que trouxesse os exercícios prontos era muito maior.

Agora, o caso de Abdula, a melhor aluna da turma, a mais bem preparada. Ela se preocupava com o que os colegas pensavam dela e tinha verdadeiro horror à idéia de me decepcionar. Era a estudante mais gentil e esforçada, mas foi exatamente ela que quebrou a seqüência dos 62 dias. Quando cheguei à sua carteira para ver se fizera o trabalho, seu rosto estava banhado em lágrimas. Ela cometeu um erro que qualquer um poderia ter cometido. Abdula era responsável por ajudar os irmãos a se aprontarem para a escola. Na corrida para sair de casa, esqueceu as folhas da lição na mesa ao lado da cama. Eu soube instantaneamente que ela não tinha o trabalho, portanto fui até a frente da sala e disse: "Turma, precisamos conversar. Todos nós sabemos que Abdula é uma das alunas mais dedicadas e esforçadas desta classe, e ela deu tudo de si para garantir que esta turma atingisse a seqüência de 62 dias. Embora a seqüência vá terminar hoje, acho que, como turma, devíamos dar uma salva de palmas para nós e para Abdula. Aposto como não há uma classe *neste país* que tenha feito as lições por 62 dias corridos, e temos muito do que nos orgulhar." É claro que Abdula não foi punida, não foi preciso. O modo de lidarmos com algumas situações depende muito da criança.

Regra n.º 44

As mudanças de matéria têm que ser rápidas, silenciosas e ordeiras

Quando passamos de uma matéria para outra, devemos fazer isso com rapidez, em silêncio e de forma disciplinada. Precisamos ter sempre a capacidade de trocar de livro o mais depressa possível, já com todas as lições de casa prontas e os materiais à mão. O tempo adequado a ser gasto nessas mudanças deve ser inferior a dez segundos, e vamos trabalhar com um objetivo de sete segundos.

Na vida, nos defrontamos com múltiplas tarefas que precisamos realizar todos os dias. Muitas vezes, em vez de concluirmos todas elas de forma disciplinada, somos interrompidos por distrações como o telefone, o programa de TV, o sofá confortável ou uma conversa com os colegas. Seríamos muito mais eficientes se conseguíssemos simplesmente nos ater aos objetivos, realizá-los e depois usar o tempo restante para atividades de lazer. Empenho-me em fazer com que os alunos se concentrem na tarefa, cuidem primeiro da obrigação e permaneçam motivados até que o trabalho em questão esteja concluído.

No meu primeiro ano de ensino notei que, quando terminávamos uma das matérias e nos preparávamos para iniciar outra, as crianças começavam a falar, a deslocar-se, a procurar a lição de casa, a levantar-se para apontar lápis – enfim, desperdiçavam muito tempo tentando se organizar. Decidi fazer um jogo das mudanças de matéria. Disse a elas que, quando entrassem na sala de manhã, deveriam organizar todos os seus materiais para que estes estivessem ao seu alcance. Assim, quando terminávamos com uma disciplina e eu dizia "Muito bem, agora vamos pegar os livros e as lições de Matemática", os alunos guardavam os objetos com que tínhamos trabalhado e rapidamente apanhavam o que fosse necessário para essa matéria.

Mas às vezes isso era complicado. Por exemplo, quando eu ia usar o retroprojetor, era preciso abaixar as persianas, apagar as luzes, fechar a porta, trazer o suporte com o equipamento, ligá-lo na tomada e puxar a tela para baixo. Além disso, todos tinham que pegar seus objetos. Para conseguir isso, atribuí tarefas para cada um deles. Então, quando eu avisava que o aparelho seria usado, eles entravam em ação e em questão de segundos estávamos a postos.

Os professores que observavam a turma sempre comentavam como as crianças eram ágeis nos preparativos para a retroprojeção. Às vezes eu estava falando na frente da sala e um aluno dizia que não conseguia enxergar o que eu desenhara no quadro-negro, e eu respondia: "Vou lhe mostrar no retroprojetor." Eu começava a caminhar em direção ao meio da sala e antes que chegasse lá o equipamento já estava no lugar e ligado na tomada, as persianas estavam fechadas, as luzes apagadas, a tela abaixada e a caneta entregue na minha mão. Eu a pegava despreocupadamente e começava a escrever na transparência como se nada houvesse de extraordinário.

Quando os professores perguntavam como eu conseguia que a classe fizesse isso, eu lhes dizia que era fácil: as crianças adoram ajudar, elas sentem prazer na tentativa de mudar de tarefa o mais depressa possível e nós treinamos várias vezes. Antes do fim do primeiro mês, se fizermos tudo direito, a turma funcionará como um relógio.

Regra n.º 45

Não reclame das tarefas de casa

Quando eu passar uma lição de casa, não resmungue nem reclame. Se fizer isso, receberá duas tarefas em vez de uma.

Pensemos no nosso local de trabalho... Agora vamos nos lembrar dos nossos colegas ali. Quantos deles diríamos que são pessoas positivas? Quantos são indivíduos negativos? Com quais deles preferimos passar o tempo conversando e trabalhando? Acho que a resposta é óbvia, mas ainda assim muitas pessoas apresentam atitudes negativas e se queixam de todas as tarefas ou de qualquer coisa que lhes exija esforço.

Detesto estar perto de gente assim, porque realmente me irrita ouvir alguém reclamar da vida. Às vezes há coisas que simplesmente temos que fazer, mesmo que não seja o que desejamos no momento. Mas é nossa obrigação, portanto temos que seguir em frente, sem resmungar nem fazer comentários sobre a falta de vontade. Não é raro desperdiçarmos mais esforço e energia evitando algo do que concluindo a tarefa.

Às vezes, quando as crianças pedem ajuda nas lições de casa, ou um parente idoso quer que o visitemos, ou precisamos organizar pastas e documentos, não sentimos a mínima disposição para fazer nada disso. É natural, mesmo assim são obrigações, coisas que devemos realizar sem queixas ou demonstrações de desinteresse.

Tento estimular uma atitude do tipo positivo em minha sala de aula, por isso em nenhuma circunstância permito que os alunos se lamentem ou reclamem das tarefas nem da expectativa de executá-las. A punição que uso para a quebra dessa regra é dobrar as atividades das quais eles se queixam, mas esse procedimento já me deu muitos problemas no passado. Os professores sempre dizem: "Sr. Clark, na verdade não concordo com a essa regra – *nunca* se deve usar o dever de casa como punição." Compreendo o ponto de vista deles, mas ao mesmo tempo não podemos tolerar resmungos e protestos em relação ao trabalho designado. Para evitar que isso aconteça, as conseqüências devem ser drásticas. O que é pior? Uma turma que reclama diante de cada atividade, disseminando sentimentos negativos sobre o que deve ser feito, ou dobrarmos a tarefa uma *ou* duas vezes, mas depois ver que as crianças aceitam qualquer atribuição sem queixas?

Explico aos alunos que, se eles considerarem a lição de casa muito grande para ser feita em uma noite, devem ficar à vontade para expressar sua preocupação. Mas têm que fazer isso de uma maneira respeitosa, sem resmungar nem reclamar. Por exemplo, digo que podem expor seus sentimentos desta forma: "Sr. Clark, vários alunos desta classe vão se apresentar hoje à noite em um show no centro comunitário. Será que é possível diminuir o número de páginas que precisamos ler como tarefa de casa?" Nunca me recuso a chegar a um acordo com as crianças sobre assuntos assim e sempre reduzo a quantidade de exercícios para toda a classe e não somente para aqueles que têm obrigações que talvez os impeçam de fazer o trabalho.

Regra n.º 46

Com um professor substituto, as regras da classe continuam valendo

Se você estiver com um professor substituto, obedecerá às mesmas regras que segue quando eu estou presente (sei que isso é difícil, mas é importante).

Todos sabemos que quando o chefe está longe do escritório nem sempre os funcionários mantêm o máximo de sua produtividade. É o velho ditado: "Quando o gato está fora, os ratos fazem festa." Vi isso em minha própria vida quando o gerente da Dunkin' Donuts se ausentava da loja e nós brincávamos de esconde-esconde e quando o diretor saía da escola e alguns professores simplesmente distribuíam folhas de exercícios e encerravam o expediente. Quero que os alunos tenham a atitude de que estão trabalhando para si mesmos e que devem se orgulhar do que estão fazendo, haja ou não um chefe nos seus calcanhares. Desejo que cada um deles seja o tipo de pessoa que se dedica 110 por cento à sua atividade porque quer e não porque precisa.

Despertar essa disposição em estudantes de 11 anos de idade pode ser um desafio, porque eles farejam um substituto a um quilômetro de distância. Conseguem pressentir, dias antes de qualquer médico, uma doença iminente que tirará o professor de circulação. E podem transformar em um verdadeiro inferno a vida de um substituto que os conheça pouco e demonstre o mínimo sinal de medo.

Para isso, uso várias técnicas. A primeira é falar com eles sobre a manutenção da ordem na sala de aula, mesmo quando não estou presente. Alerto-os para que se portem da melhor forma possível e digo-lhes que, se eu descobrir que alguém foi rebelde, as conseqüências serão graves. Adoro esta frase: "As conseqüências serão graves." É ótima porque não estou realmente *dizendo* o que vou fazer, portanto não estou me comprometendo com nada. Poderia ser que toda a classe se comportasse mal, e não quero me ver com 37 crianças de castigo por um mês. Dizendo somente "grave", posso acabar fazendo o maior discurso que já ouviram em toda a sua vida, demonstrar meu desapontamento e ainda assim manter a palavra.

Seja como for, quando volto para a escola após a primeira ausência, verifico se o substituto me deixou anotações claras sobre o que ocorreu na classe. Se uma criança tiver procedido mal e eu confirmar isso, tenho que usá-la como exemplo. É lamentável, mas necessário. Toda a turma fica observando como lido com a situação – se eu não fizer nada ou as conseqüências não forem graves, então o próximo dia em que eu estiver fora será uma ocasião de festa para a classe. Normalmente falo com o aluno de modo bastante severo diante de todos e lhe dou uma semana de castigo, além de informá-lo de que entrarei em contato com seus pais. Quero que esse momento se fixe na lembrança das crianças, para que o tenham em mente na próxima vez em que estiverem com um professor substituto.

Mas tenho que ser honesto. Certas vezes, os substitutos em minhas classes foram rudes, pouco razoáveis e até incompetentes ao lidar com um grupo de alunos. Em tais situações, acredito quer essa pessoa tem quase a mesma culpa que as crianças malcomportadas. Nunca deixo que os estudantes saibam disso. Continuo demonstrando que estou indignado com eles e agindo como se o mundo fosse acabar, mas abro mão das conseqüências. Faço o velho jogo do "vocês me deixaram muito bravo e vão se arrepender", mas nada acontece de fato. Normalmente digo algo assim: "O tempo todo estou dando tudo de mim a vocês. Fico doente de tanto trabalhar e continuo a levá-los a passeios. Proporciono a todos aqui a melhor educação possível e é desse jeito que demonstram consideração?! Quando agem desse modo, eu perco a vontade de levar adiante algumas coisas bem legais que tinha planejado para nossa classe. É uma pena." Esse discurso funciona como mágica.

Na verdade, minha melhor técnica para conseguir que as crianças se comportem com um substituto requer que eu me esforce bastante, mas é muito bem-sucedida. Quando sei que vou me ausentar, levo para casa a câmara de vídeo da escola e gravo a mim mesmo dando as lições do dia. Digo algo como: "Alunos, agora quero que vocês peguem seus livros e os abram na página 134. Sra. Jenkins (a substituta), por favor, aperte *pause* e depois *play* quando todos estiverem na página correta." Então leio para as crianças, parando para discutir certos pontos e esclarecer tópicos que provavelmente despertarão dúvidas. A chave para isso, porém, é uma pequena peça que prego nos alunos. No início do vídeo eu lhes digo que posso ver cada um deles na sala de aula e que saberei caso se comportem mal. É claro que isso soa ridículo para eles, mas na véspera do dia em que estarei fora combino um esquema com alguns estudantes e os faço jurar segredo. Explico a um deles que, quando eu disser que posso vê-los na sala, quero que pergunte: "Sr. Clark, pode mesmo nos ver?" Então, quando o vídeo está passando e a criança faz a pergunta, respondo: "Sim, Berry, posso ver vocês! Agora é melhor prestar atenção!" Isso sempre os impressiona e já cheguei a causar espanto em alguns substitutos também.

Há vários motivos para eu gostar de gravar o vídeo. Primeiro, as crianças não perdem nem um dia de instrução. Estou "lá" para continuar a ensinar a lição do dia seguinte. Segundo, não tenho que me preocupar em redigir planos de aula para o substituto. Os planos consistem em "aperte *play*" e "aperte *stop*". Terceiro, os alunos valorizam o esforço que faço para gravar o vídeo. Nem sempre me dizem isso, mas, quando o assunto surge, percebo que para eles foi importante eu ter me dado a esse trabalho que os livra de montes de folhas de exercícios e leituras.

Quarto, o esforço para impor disciplina é mínimo. Os substitutos comentam como é fácil controlar uma turma quando tudo o que têm que fazer é sentar-se e anotar os nomes de quem não está prestando atenção no vídeo, mas eles sempre dizem que todas as crianças ficam atentas. Faço algumas palhaçadas e truques legais na fita, portanto os alunos entram no clima e gostam de assistir.

Essa idéia também pode ser útil quando os pais têm que ficar longe dos próprios filhos por causa de uma viagem de negócios ou de férias. Uma idéia é sentar-se diante de uma câmera e ler para eles um dos seus livros de histórias prediletos. Então, se a criança sentir saudades, poderá assistir ao vídeo, repetindo-o quantas vezes quiser. Vivemos na era da comunicação, e não é porque não estamos ao lado de alguém que não podemos estar presentes.

Regra n.º 47

Siga as regras específicas da sala de aula

Na classe, seguimos determinadas regras. Somos organizados, eficientes e atentos à tarefa. Para isso, obedeça às seguintes normas:
a) Não saia da sua cadeira sem permissão. Exceção: se estiver com enjôo, retire-se imediatamente.
b) Não fale a não ser que:
1. Você levante a mão e eu o chame.
2. Eu lhe faça uma pergunta e você esteja respondendo.
3. Seja a hora do recreio ou do almoço.
4. Eu lhe dê uma instrução em contrário (por exemplo, durante um trabalho em grupo).

Todos nós já participamos de discussões em grupo em que

a reunião foi desorganizada e uma perda de tempo – talvez um encontro de pais e professores, uma assembléia de moradores ou até da diretoria da empresa. Muitas vezes há pessoas que falam demais, falta liderança ou ninguém consegue atuar eficientemente como moderador. Quando trabalho com os alunos, tento ensinar-lhes lições sobre como se portar em um grupo, como debater um tema adequadamente e como manter uma conversa apropriada nessas situações.

Sei que as regras sobre não falar nem sair da cadeira podem parecer extremas. Mas, como trabalho com crianças que não estão acostumadas à organização nem ao tipo de discussão e ao clima de aula que estou tentando obter, preciso começar do modo mais rigoroso e liberar à medida que o ano avança.

No entanto, no início do ano letivo não deixo os alunos se levantarem nem para apontar um lápis sem permissão. Eles não podem ir a nenhum lugar da sala, seja qual for o motivo, a não ser que ergam a mão e me peçam. Dependendo do grupo com que estou trabalhando, três meses após o começo das aulas costumo dar autorização para que se levantem para apontar o lápis sem me pedir, contanto que eu não esteja dando aula no momento. Estabeleço que só uma pessoa tem permissão para ficar de pé a cada vez. Portanto, se houver alguém apontando o lápis, o aluno precisará aguardar até que essa pessoa se sente para que ele possa ir.

Espero que ninguém ao ler isso fique com a impressão de que na minha classe só há disciplina e nenhuma diversão, porque, na verdade, considero a sala de aula um lugar muito divertido e empolgante. Às vezes há uma tremenda bagunça e nos divertimos à beça, mas sei que, se precisar trazer as crianças de volta para a tarefa e organizá-las, basta que eu fale e elas ficarão em total silêncio.

O motivo pelo qual não permito que os alunos conversem é que a maioria das turmas não foi capaz de fazer isso sem que as coisas ficassem fora de controle. Talvez isso tenha ocorrido porque as crianças com as quais trabalho sejam cheias de energia ou porque o número de estudantes na sala é grande – em Nova York, eram 37 crianças ali o dia todo. Assim, para conseguir que fiquem concentradas nas tarefas, decidi suspender todos os privilégios relativos à fala, a não ser que a classe inteira esteja discutindo um assunto, que os alunos tenham perguntas ou que eu os interpele. Normalmente após alguns meses não sou mais tão rigoroso com a regra e ocorrem cochichos aqui e ali, mas a situação nunca sai dos trilhos.

Quando temos esse tipo de domínio sobre a turma, é possível realizar alguns projetos bem interessantes. Há ocasiões em que fazemos trabalhos em grupo usando cola, fitas, balões e praticamente tudo o que se possa imaginar, porém as crianças permanecem atentas e em ordem. Chamo isso de "caos organizado". Somos capazes de trabalhar em equipe e nos divertir muito, mas de forma ordeira – assim conseguimos produzir muito mais. Se não houver essa estrutura na sala de aula e tentarmos realizar um aprendizado cooperativo e interativo, teremos um zoológico.

Regra n.º 48

Traga uma garrafa d'água para a sala de aula, mas não saia para beber água

Você pode trazer uma garrafa d'água e deixá-la sobre a carteira, mas não me peça para beber água fora da sala enquanto estou dando aula. Você pode até ter comida na sua carteira, contanto que os outros não a vejam e eu não o ouça comer.

Todos nós apresentamos um desempenho bem melhor quando nos sentimos confortáveis no lugar em que estamos.

Vamos pensar em nosso local de trabalho. Mantemos café ou outra bebida por perto? Há balas ao nosso alcance? E em casa, costumamos lanchar enquanto assistimos à TV? É natural e reconfortante termos algum controle pessoal sobre o ambiente que nos cerca.

Durante toda a minha vida de estudante, precisei ter um punhado de balas no bolso para me ajudar a passar o dia. Não consigo nem imaginar quantas vezes, no colégio, me mandaram cuspir o chiclete ou jogar fora a bala.

Isso pode surpreendê-lo, afinal sou um professor que exige disciplina da turma, mas a verdade é que não me incomodo nem um pouco com o fato de os alunos beberem e comerem na classe. Quando ensinava no Harlem, havia dias em que nossa sala ficava muito quente e toda hora as crianças queriam sair para beber água. Isso me deixava maluco, no entanto eu não podia discutir com elas. Decidi que simplesmente permitiria que mantivessem uma garrafa d'água na carteira, pois assim não precisariam ficar se levantando e se sentando incessantemente.

Alguns anos atrás resolvi deixar que os alunos levassem comida para a sala de aula, mas havia condições para isso. Primeiro, eles não podiam fazer ruído abrindo a embalagem. Segundo, deviam mastigar silenciosamente, de modo que ninguém na classe conseguisse ouvi-los. Terceiro, nada de deixar migalhas e restos de comida em volta das carteiras. As crianças ficaram bastante estimuladas, pois elas adoravam ter essas coisas por perto e a maioria obedecia muito bem às regras. Mas houve um pequeno problema: a carteira de uma menina chamada Tamanda era mais cheia de comida do que uma lanchonete. Havia sanduíches meio comidos, batatas chips destroçadas, pudim de chocolate, jujuba e muito mais – tudo isso metido entre seus livros e papéis. Foi uma luta impedir essa garota de fazer bagunça e, por fim, tive que suspender seus privilégios relativos à comida.

Regra n.º 49

Mantenha-se limpo e faça o mesmo com os banheiros

Após usar o vaso sanitário, dê a descarga e lave as mãos. Em um banheiro público, pegue uma toalha de papel antes de lavar as mãos. Depois de lavá-las, use a toalha de papel para fechar as torneiras, acionar o toalheiro e obter outra toalha para secar as mãos (ou use a toalha para apertar o botão que liga o secador). O que você não deve fazer é tocar com as mãos limpas as áreas que outras pessoas tocaram com as mãos sujas.

Essa regra pode ser um tanto extrema e talvez alguém não veja necessidade de usar uma toalha de papel para fechar a torneira. Posso compreender isso. Na verdade, só estou pedindo que as pessoas levem em consideração o asseio quando usam um banheiro público. Todos sabemos que as instalações sanitárias às vezes podem tornar isso muito difícil. Fico maluco quando não há sabonete naqueles recipientes de pressão. E por que as torneiras de sensor só liberam a água por cerca de um segundo e meio? Fico agitando as mãos embaixo da torneira para acioná-la e, quando finalmente consigo pôr ambas as mãos sob o jato d'água, ele pára de sair. Isso faz com que lavar as mãos seja mais trabalhoso do que devia ser.

Mas essa não é a única dificuldade que pode tornar a ida a um banheiro público um verdadeiro pesadelo. Vasos sanitários nos quais a descarga não foi dada e pisos apinhados de papel higiênico estão entre os detalhes que contribuem para fazer dessa experiência algo bastante anti-higiênico e repulsivo.

No meu primeiro ano de ensino costumava reparar que ninguém acionava a descarga nos mictórios do banheiro dos meninos. Isso me deixava louco! Perguntei aos alunos por que eles nunca faziam isso e obtive duas respostas: 1) Não quero tocar na descarga porque está nojenta. 2) Em casa, só damos a descarga quando fazemos cocô, porque isso gasta água e custa dinheiro.

Em relação à primeira resposta, os instruí a pegar uma toalha de papel depois que terminassem de usar o mictório e a usá-la para acionar a descarga. Quanto à segunda justificativa, expliquei-lhes que a urina que fica depositada nos vaso sanitário produz micróbios em toda a área e causa doenças a todos os usuários do banheiro, incluindo eles mesmos. Perguntei-lhes depois qual deles gostava de utilizar um mictório que continha a urina de alguém. Ninguém apreciava isso, é claro. Portanto, reforcei a necessidade de cuidarem dos seus próprios "assuntos", em vez de deixá-los por aí para que outras pessoas lidem com eles. Felizmente as crianças levaram a sério o que eu disse e, daí em diante, os vasos ficaram limpos. Os alunos da minha classe até começaram a lembrar os estudantes de outras turmas de dar a descarga quando viam que estes estavam se preparando para sair do banheiro sem fazer isso.

O segundo problema que verifiquei em relação ao banheiro é que as crianças abrem a torneira com as mãos sujas, depois as lavam e, em seguida, fecham a torneira que acabaram de tocar com as mãos sujas. Para resolver esse problema, pedi aos alunos que pegassem uma toalha de papel antes de lavarem as mãos. Disse-lhes que deviam usá-la para fechar a torneira e também para acionar o toalheiro e retirar outra toalha para secar as mãos. (Sei que isso pode parecer neurose, mas, quando se é professor e se entra em contato com todos os micróbios conhecidos da humanidade, aprende-se que, por uma questão de sobrevivência, é preciso detê-los em sua origem!)

Em relação à limpeza geral dos banheiros, falo bastante com os alunos sobre como os faxineiros dão duro e como é fácil ajudá-los fazendo poucas coisas. Em primeiro lugar, ninguém deve deixar toalhas de papel espalhadas no chão. Isso é quase impossível, porque meninos gostam de pensar que são Michael Jordan, e não são. Por causa das cestas perdidas, sempre há papel cobrindo o piso ao redor da lixeira. Faço questão de dizer aos garotos e também às meninas que devem pegar uma toalha de papel e usá-la para apanhar todo o lixo jogado no chão e descartá-lo. Destaco que não me importa se eles são ou não os responsáveis pela sujeira: o essencial é que o piso esteja limpo quando saírem dali. O aspecto dos banheiros muda radicalmente e as crianças orgulham-se disso.

Regra n.º 50

Telefone para mim se tiver uma pergunta sobre o dever de casa e deixe um recado, mas faça isso apenas uma vez

Se você tiver uma pergunta sobre a lição de casa, pode telefonar para mim. Se eu não atender, por favor deixe o seguinte recado na secretária eletrônica: "Alô, Sr. Clark, aqui é _____. Preciso de ajuda com a lição de _____. Pode ligar de volta para mim até às _____ horas. Obrigado." Não há necessidade de deixar essa mensagem 14 vezes.

No mundo de hoje é crucial que as empresas possam ser contactadas por seus clientes a qualquer hora. As pessoas sentem-se mais tranqüilas quando podem ter acesso a quem lhes presta serviços sempre que tenham perguntas ou precisem falar sobre os negócios. Para alcançarmos sucesso é necessário que sejamos acessíveis – e essa é uma atitude que também levo para a sala de aula. Não vejo nenhum problema em dar o número do meu telefone de casa para os alunos. Mas muitos professores não fazem isso e não os culpo: podemos nos ver em um pesadelo quando o telefone não pára de tocar. De qualquer modo, não é assim tão ruim, pois a maior parte dos alunos não entra em contato. Acredito, no entanto, que eles se sentem bem por saber que podem me ligar se precisarem. Isso lhes transmite uma espécie de segurança e mostra que me importo muito com eles para compartilhar o tempo que passo em casa, caso necessitem de mim.

Tenho a preocupação de lhes explicar o que é uma ligação adequada. Deixo claro que não é aceitável me telefonarem para saber qual é a lição de casa – deviam ter se preocupado em copiá-la na classe. Se não fizeram isso, o certo é procurar um colega. Caso liguem para mim, eu lhes direi qual é a tarefa, mas no próximo dia de aula terão que almoçar em silêncio e perderão o recreio. Um telefonema apropriado é o que trata dos problemas com a lição. Em uma turma com mais de trinta alunos, muitas vezes é difícil dar atenção individual aos que têm essa necessidade. Muitas crianças também ficam envergonhadas de admitir diante dos colegas que precisam de ajuda. Fornecer meu número de telefone permite que esses alunos obtenham de mim a atenção que não conseguem na escola.

No Harlem havia uma menina chamada Maria que era muito quieta e tímida na classe. Nunca erguia a mão nem deixava ninguém perceber que estava confusa. Mas todas as noites ela me ligava. Conversávamos por uns cinco minutos sobre a tarefa em pauta. Muitas vezes ela só precisava de mais esclarecimentos e de uma pequena ajuda para começar. Para Maria, isso fez toda a diferença no ano letivo, e não só do ponto de vista acadêmico. Ela sabia que não estava sozinha e que podia contar comigo para apoiá-la e ajudá-la sempre que necessitasse.

Para os professores que se preocupam com o fato de que seus telefones talvez toquem sem parar: raramente tive mais de um chamado por dia. Mas foi importante dar meu número, pois nenhuma criança pode entrar na sala e afirmar que não fez a lição por não ter conseguido entendê-la. Não aceito essa desculpa, uma vez que o aluno tem liberdade para me ligar.

Regra n.º 51

Em um hotel, deixe uma gorjeta para quem limpou o quarto

Quando nossa turma se hospeda em um hotel, é adequado deixarmos uma gorjeta no travesseiro para os funcionários que ficaram responsáveis pela limpeza do quarto durante o tempo em que estivemos ali. Devemos estabelecer o valor por dia, levando em consideração o preço da diária.

Descobri que a maioria dos alunos sabe que se espera que dêem uma gorjeta ao garçom e ao motorista de táxi, mas grande parte deles não ouviu dizer que também devem fazer isso quando se hospedam em um hotel. Certa vez, viajando com amigos, observei que um deles, Lloyd, deixou 12 dólares na cômoda antes de sair do quarto. Perguntei-lhe por que estava dando uma quantia tão grande e ele respondeu que sua mãe trabalha em um hotel e sempre se queixa de que a maioria das pessoas não dá gorjeta nenhuma, e muitas delas gratificam apenas com o troco que têm nos bolsos. Ele diz que sempre deixa um dinheiro extra para compensar pelos quartos em que não haverá nenhuma gorjeta.

Isso chamou minha atenção para a importância dessa atitude: ela mostra que valorizamos o fato de o quarto ter sido limpo. Espero que, exigindo esse gesto dos alunos agora, isso tenha um impacto sobre eles e permaneça como uma prática que continuarão a adotar pelo resto das suas vidas. Quando estamos viajando, não espero que os estudantes usem sua mesada para dar gorjetas. Em todas essas ocasiões realizamos eventos para arrecadar fundos que paguem completamente as despesas, e o dinheiro para essas gratificações sempre é incluído como parte do orçamento.

Sei que algumas pessoas não costumam deixar gorjetas em quartos de hotel, porque essencialmente estariam dando dinheiro a indivíduos que jamais tornarão a ver. Ser generoso com alguém que nunca poderá nos agradecer pessoalmente é a mensagem do ditado "é dando que se recebe". Devemos ser gentis com todos e mostrar consideração com os que fazem algo por nós, e isso só pode nos trazer coisas boas. Em relação às gorjetas, acho que ninguém pode compreender o quanto é importante deixar uma quantia adequada, a não ser que já tenha trabalhado para recebê-las. Por exemplo, garanto que um garçom não encontrará alguém que o gratifique melhor do que uma pessoa que também já tenha exercido esse ofício.

Regra n.º 52

Em viagens de ônibus, sente-se sempre de frente

Quando estivermos viajando de ônibus com a turma, sempre fique sentado de frente. Não se vire para falar com ninguém, não jogue nada pela janela nem se levante do seu lugar. Ao saltar do ônibus, agradeça ao motorista e lhe deseje um bom-dia.

Essa regra provavelmente não seria tão importante para mim se eu mesmo não tivesse de bancar o motorista dos alunos em viagens. Isso pode acabar com os nervos de qualquer pessoa! Já é bem difícil dirigir um veículo grande, mas há também a pressão adicional de ter as vidas de tantos alunos em minhas mãos. A última coisa de que eu preciso são trinta crianças berrando para me distrair e tornar minha tarefa ainda mais complicada.

Tenho presenciado acontecimentos e ouvido histórias que são verdadeiros pesadelos: há crianças que jogam coisas pelas janelas dos ônibus e quebram os pára-brisas de outros veículos. Soube de alunos que brigaram em um ônibus, mas o motorista estava com tanto medo de se envolver que nem sequer se preocupou em parar. Há ocasiões em que os estudantes chegam a jogar objetos no próprio motorista e também situações em que as crianças tentam fazê-lo dar uma guinada e sair da estrada.

O ônibus escolar pode ser um lugar caótico, e o que me preocupa é que toda essa bagunça leve o motorista a se distrair. Eu não gostaria de ter meu filho em uma situação assim. Faço todo o esforço para que os alunos de fato compreendam a importância de permanecerem sentados e quietos, trabalhando na lição de casa ou conversando em voz baixa com um amigo. Digo-lhes que evitem chamar a atenção dos colegas ficando de pé, virando-se ou fazendo qualquer coisa que cause desordem.

Também deixo claro para eles que o tipo de comportamento que espero em um ônibus é o mesmo que quero que adotem em um táxi, em um avião e em qualquer outro meio de transporte. Em consideração ao motorista e aos demais passageiros, é sempre respeitoso fazerem o mínimo de barulho e não causarem nenhum tumulto. Em todos os casos, é adequado agradecerem ao condutor e lhe desejarem um bom-dia.

Regra n.º 53

Em reuniões ou assembléias, não converse nem fique chamando os amigos

Durante uma reunião ou assembléia, não converse e não olhe em volta para tentar chamar a atenção dos amigos de outras classes. Precisamos manter uma imagem que demonstre que sabemos o que estamos fazendo ali!

Lembro-me de que adorava assembléias quando era estudante. Como professor, eu as detesto. Interrompem o dia, desviam a atenção dos alunos e proporcionam muitas oportunidades para o mau comportamento. Na verdade, esses são os mesmos motivos pelos quais eu gostava tanto delas antigamente.

Para tornar essas reuniões mais suportáveis, explico detalhadamente aos alunos como espero que ajam quando estivermos participando de uma delas. No primeiro dia de aula, ao começarmos a falar sobre essa regra, peço a eles que formem uma fila e caminhamos até o auditório. Faço com que entrem alinhados nas fileiras que nos foram designadas e os oriento a se sentarem virados para a frente, com as mãos no colo. Ninguém deve pôr os braços nos descansos do assento. Então fico passando de um lugar para outro no auditório, chamando determinadas crianças pelo nome, jogando papel nelas e fazendo o que posso para conseguir sua atenção. Meus alunos treinam para se manter concentrados, olhando para a frente e sem falar.

Nos dias em que há assembléias, falo sobre nossa sessão de treino, e eles se lembram exatamente do que espero deles. Sempre se portam da melhor forma, mesmo em meio à freqüente algazarra no auditório.

Regra n.º 54

Em uma fila de alunos, ande com os braços ao lado do corpo e desloque-se em silêncio

Quando estiver em uma fila, caminhe em uma linha única, mantendo-se a uma pequena distância do colega à sua frente e com os braços ao lado do corpo. Fique sempre virado para a frente. Nenhuma conversa é permitida.

No primeiro dia em que dei aula na Carolina do Norte, sabia que os outros professores e a diretora estavam curiosos para ver quanta bagunça a turma iria aprontar sob minha orientação inexperiente. A diretora me alertou sobre a falta de disciplina e rebeldia dos alunos e já no dia anterior eu os vira caminhando na maior algazarra pelo corredor até o refeitório. Sabia que, quando percorressem aquele caminho sob minha supervisão, eu teria que provar que era capaz de lidar com eles, mantendo-os em uma fila perfeita.

No momento em que começamos a formar a fila, os alunos estavam por toda parte, conversando e rindo, sem um pingo de organização. Eu precisava fazer alguma coisa, por isso avisei que não iríamos almoçar enquanto não tivéssemos uma fila perfeitamente reta e silenciosa. Logo percebi que ficaríamos por ali um bom tempo, pois nenhum deles deu grande importância à minha ameaça. Afirmei que, para cada palavra que alguém falasse, esperaríamos por exatamente um minuto antes de irmos almoçar. Uma menina disse: "O quê?" E eu respondi que agora seriam dois minutos extras. Alguém berrou: "Melhor calar a boca que estou com fome." Então avisei esse aluno que teríamos mais sete minutos extras e que ele se desse por satisfeito.

Depois de meia hora assim, a Sra. Briley, supervisora do refeitório, apareceu no corredor procurando por nós. Insistiu muito em manter o horário e deve ter pensado que eu estava doido. No entanto, permaneci firme, até que, com 45 minutos de atraso, marchamos para o almoço. Eu caminhava à frente da turma, porém de costas para poder observar cada uma das crianças na fila – nenhuma delas emitia um único som. Quando estávamos passando pelo gabinete, notei que elas olhavam fixamente para algo atrás de mim. Como não podia me virar, precisei esperar para finalmente ver que encaravam a diretora, parada na porta do gabinete com uma expressão de espanto.

A partir desse dia, determinei que minhas turmas sempre manteriam a ordem fora da sala de aula. O modo como oriento os alunos a marchar em fila faz com que pareçam soldadinhos, e algumas pessoas podem dizer que é militarismo querer que eles andem desse jeito. Mas acho que eles gostam da ordem e do método. Parecem apreciar a organização da fila e se orgulham do visual que ela tem.

Quando cheguei à escola pública 83 no Harlem, vi que os alunos haviam sido ensinados a andar em duas filas, uma de meninas e outra de meninos lado a lado. Isso descartava a minha fila única, que eu considerava muito mais fácil de controlar. Manter alunos bem próximos um ao lado do outro, em duas filas, era procurar encrenca. Aprendi, porém, que devemos escolher as batalhas que desejamos travar e, assim, decidi aceitar que as crianças mantivessem a formação a que estavam habituadas. Não me importo de discordar às vezes, mas concluí que nessa situação seria simplesmente mais fácil admitir as duas filas. Fazia parte dos requisitos da escola.

De qualquer modo, precisava tomar alguma providência para torná-las mais estruturadas. Assim, pedi que os alunos marchassem no mesmo estilo organizado da fila única. Além disso, quando as duas filas chegavam diante de uma porta, eu fazia com que a que estivesse mais próxima da parede entrasse primeiro. A outra fila devia permanecer parada em linha reta no centro do corredor. Em seguida eu dizia: "Todos prontos e... *passo*." Instantaneamente, em completa sincronia, os alunos davam um passo com o pé direito e se deslocavam na direção da parede. Era fantástico ver todos eles se movendo ao mesmo tempo de forma tão decidida e organizada. Depois eu dizia: "E... *entrem*", e eles entravam na sala alinhados. Todos adoravam. Talvez alguém pense que os alunos resistiam a permanecer quietos, disciplinados e em ordem, mas o fato é que gostavam disso. Outros estudantes da escola perguntaram a seus professores se podiam fazer fila desse jeito e entrar na sala do mesmo modo, e por esse motivo esse método foi adotado em algumas turmas.

Regra n.º 55
Nada de Doritos na escola

Não traga Doritos para dentro do prédio da escola.

Embora essa regra não faça sentido para muita gente e não tenha grande relevância para os leitores em geral, eu achava que não podia escrever um livro sobre esse tema sem incluí-la. Essa é de longe a regra mais comentada e, sem dúvida, recebo mais comentários e perguntas sobre ela do que sobre qualquer outra. Primeiro vou dizer como a explico aos alunos, depois revelarei a verdade sobre ela.

Conto aos alunos uma história verdadeira sobre algo que aconteceu quando eu era garoto. Minha mãe comprava um saco de Doritos para minha irmã e eu dividirmos como lanche após a escola enquanto assistíamos aos *Flintstones*. Tassie, como era voraz, tirava um dos biscoitos, lambia todo o queijo e o colocava de volta no saco. Ela sabia que eu jamais pegaria um biscoito do pacote depois daquilo, e assim ficava com tudo. Ao relatar a história, exagero o efeito que isso tinha sobre mim e digo aos alunos que até hoje não suporto ver nem um único Doritos. Verdade? Não. Basicamente eu só queria ter uma regra que desse um tom de individualidade e humor à lista. Esse toque pessoal acrescenta algo exclusivo e engraçado, e os alunos adoram isso.

Essa regra definitivamente causa um pouco de agitação e falatório. A cada ano sempre há alunos que se ressentem por não poderem trazer Doritos para o almoço, mas eu os alerto várias vezes sobre o que acontecerá se fizerem isso. Mesmo assim, alguns deles me testam. Quando os vejo com os salgadinhos, caminho até eles com cara de nojo, agarro o saco de Doritos na mesa, vou até a lixeira e estouro a embalagem, espalhando biscoitos por toda parte. Às vezes, na sala de aula, percebo um pacote de Doritos enfiado na mochila de alguém. Vou até o quadro-negro e continuo a dar aula normalmente. Subitamente me viro, encaro a turma e digo: "Ninguém se mexe!" Depois começo a farejar, deslizando lentamente para a direita, lentamente para a esquerda. "Silêncio!" Meu nariz começa a me conduzir na direção certa até que, finalmente, "Ah-ah!", eu encontro o Doritos. Então marcho rumo à lixeira e os esmigalho, para grande deleite dos alunos e, acredite se quiser, para grande alegria da própria criança que acaba de perder seu lanche.

Há professores que usam minhas regras e meus procedimentos e que mais tarde vêm me falar: "Sr. Clark, avisei as crianças para não trazerem Doritos, mas na verdade não entendo por quê." Normalmente apenas rio e depois lhes conto a história. Digo a eles que precisam criar sua própria regra e assim darem o seu toque pessoal à lista.

Certa vez, levei um grupo de ex-alunos a um acampamento de verão. Eu lhes dera aula seis anos antes, mas permanecemos em contato e nos mantínhamos muito próximos. Paramos em uma loja de conveniência e cada um deles comprou uma bebida e um lanche. Quando voltamos ao furgão, notei que uma garota tinha um saco de Doritos e um sorriso malicioso nos lábios. Rapidamente tirei dela o saco, andei até uma lixeira e o estraçalhei entre as mãos, para deleite de todos os que estavam no veículo. Então perguntei a ela:

– Sabina, por que você comprou Doritos?

– Eu sabia que o senhor ia fazer isso e valia a pena não ter lanche para ver essa cena de novo.

Crianças adoram coisas que são diferentes e incomuns. Representando meu "show" para reforçar a regra sobre Doritos, acrescentei à lista algo exclusivo e que será sempre lembrado.

Dicas para lidar com pais

Para que um plano de disciplina na sala de aula funcione é imprescindível termos o apoio dos pais. O amparo deles e sua confiança no nosso julgamento são fundamentais para que o ano transcorra de forma agradável e livre de discussões. Mas, se não desenvolvermos o relacionamento certo, lidar com os pais pode ser um dos piores aspectos da profissão de professor. Eu mesmo vivi dúzias de histórias de horror. Felizmente, a maioria delas aconteceu bem no início da minha vida profissional e fui capaz de aprender com elas e mudar meu modo de agir. De qualquer forma, não importa se já adquirimos muita experiência ou se construímos um relacionamento positivo com eles, pois inevitavelmente surgirão problemas.

Em meu primeiro ano como professor havia uma mãe, a Sra. Cleveland, que achava que eu era excessivamente severo com seu filho. Vociferava, rodava a baiana e se reunia com a diretora para reclamar, mas todos os seus esforços de nada adiantavam. Assistindo à TV certa tarde, ela viu um anúncio do Serviço de Emergência, que dizia: "Sempre que precisar, ligue para nós." Sentindo que suas preocupações alcançaram tal gravidade, ela telefonou e me denunciou. A polícia, obrigada a atender à chamada, apareceu à porta da minha sala de aula. Quase caí de costas quando os policiais me contaram por que estavam ali. A Sra. Cleveland foi chamada à escola e reuniu-se com eles, a diretora e o orientador educacional. Na ocasião foi devidamente informada de por que não era apropriado ligar para o

Serviço de Emergência por estar descontente com o professor do filho.

Lembro-me de um aluno em minha classe, chamado Darnell, que apresentava um grave problema disciplinar. Eu sempre tinha como entrar em contato com os pais de todos os meus alunos, mas o telefone dele estava desligado e eu não tinha certeza se o menino estava dando à mãe, a Sra. Cob, os recados que o mandava levar para casa. Por fim, após semanas de tentativas, consegui conversar com ela por telefone. O diálogo foi mais ou menos assim:

– Alô.
– Posso falar com a Sra. Cob?
– Quem está falando?
– É o Sr. Clark, professor do Darnell.
– *Quem?*
– Sou o Sr. Clark, professor do Darnell.
– Ai, o que foi que ele fez?
– Bem, vou contar. Ele brigou com outras crianças, cuspiu em uma menina, não presta atenção nas aulas, não faz nenhuma lição e estou cansado disso.
– Bem, quer saber? Ele faz o mesmo tipo de coisa quando está em casa comigo e preciso lidar com isso quando ele está aqui, portanto você que dê um jeito quando ele estiver aí. *Clique.*

Essa conversa pode parecer inacreditável, mas conheci muitos pais que tinham a mesma mentalidade. Para alguns deles, a escola é uma extensão da creche, enquanto outros consideram os professores meros atendentes. A conquista de respeito pelos professores é uma luta constante. De fato, a conversa com a Sra. Cob me ensinou muita coisa. No ano seguinte me vi diante de um problema semelhante com um menino muito indisciplinado chamado Trey. Lidei com a situação de modo bem diferente.

– Alô.

– Posso falar com a Sra. Banks?

– Quem está falando?

– É o Sr. Clark, professor do Trey.

– Ai, o que foi que ele fez agora?

– Na verdade, só estou ligando para dizer à senhora o quanto gosto de ter Trey na minha classe. Ele é muito interessado em aprender e torna os debates na sala de aula muito animados.

– É mesmo?

– É, sim, e hoje eu disse a ele: "Trey, você é sempre tão educado. Sei que sua mãe lhe deu uma educação muito boa." E foi por isso que decidi telefonar para agradecer pessoalmente pelo excelente trabalho que a senhora fez com seu filho.

– De verdade? Ele não criou problemas?

– Ah, não, é um prazer ser professor do Trey. Foi bom falar com a senhora e vou manter contato.

– Certo... então... boa noite, Sr. Clark.

Tudo bem, eu estava mentindo descaradamente, mas minha loucura tinha um motivo. Honestamente, Trey estava me deixando doido e eu não sabia mais o que fazer com ele. Na manhã seguinte ao telefonema, ele entrou na classe e me lançou um olhar de quem diz: "Que diabos você está pensando?!" Tenho certeza de que, ao saber que sua mãe falara comigo, imaginou que estava frito, mas então ela provavelmente o elogiou pelo bom trabalho. Aposto que estava imaginando: "Oba, posso virar isso aqui de cabeça para baixo e ele nem vai contar para minha mãe." Mal sabia...

Após três dias de verdadeira agonia, voltei a ligar.

– Alô.

– Olá, Sra. Banks, aqui é o Sr. Clark. Como vai?

– Ah, vou bem. E o senhor?

– Estou bem, mas hoje caí das nuvens.

– Não diga!

– Pois é... Sei que a senhora vai ficar chocada quando eu lhe contar, porque sinceramente isso me surpreendeu muito.

– O que foi?

– Trey não está se comportando muito bem e eu custei a acreditar.

– O que foi que ele andou fazendo?

– Não fez toda a lição e ficou aborrecendo os outros alunos. Finalmente, eu o chamei para o corredor e lhe disse: "Trey, não consigo acreditar no seu comportamento de hoje. Você vem de uma família tão boa, sua mãe se esforçou tanto com você e lhe deu uma excelente educação. Quando você se comporta mal na classe, na verdade está desrespeitando sua própria mãe." E sabe qual foi sua reação? Ele agiu como se nem se importasse com isso.

– Fique na linha, Sr. Clark... *Trey!! Venha já aqui para tomar umas palmadas!!!*

Precisei sofrer durante três dias, deixando que Trey quase me levasse à loucura e pensasse que tinha se dado bem, mas no fim eu consegui um ótimo entrosamento com sua mãe, que ficou no pé dele e trabalhou comigo para mantê-lo na linha pelo resto do ano. A principal coisa que aprendi com a primeira conversa telefônica com a Sra. Banks foi que, não importa o que aconteça, o primeiro contato com os pais tem que ser positivo.

Como disse, mesmo depois de anos trabalhando com pais, sempre há ocasiões em que surgem conflitos. No segundo ano em que ensinei no Harlem havia um pai que me apavorava. Comecei a pensar que seu passatempo predileto era deixar mensagens ameaçadoras na minha secretária eletrônica. Quando achava que eu dava lições demais à sua filha Francisca, eu tinha que ouvir como ele era capaz de torcer meu corpo em três direções diferentes. Não vou nem mentir a respeito: fugi desse homem como o diabo da cruz. Mas infelizmente havia ocasiões em que era inevitável encontrá-lo. Certa vez, levei Francisca a um passeio com cinco alunos. Fomos ao cinema, comemos em um bom restaurante e paguei por todo o passeio. Só pedi aos pais que apanhassem as crianças na estação do metrô às 20h. Às 20h30, eu ainda estava sentado ali com a menina. Pedi a ela que ligasse para casa no telefone público e 15 minutos depois seus pais chegaram – e furiosos. Pensavam que eu iria levar cada umas das crianças para casa. Expliquei-lhes que estava escrito, na declaração de autorização que haviam assinado, que deviam apanhar a menina na estação. Sua única defesa foi que não haviam lido nada e que consideravam grosseiro e pouco profissional eu não levar as crianças para casa.

Alguém pode estar se perguntando por que escolhi Francisca para participar de um passeio desses. Fiz isso porque essa era uma aluna e uma pessoa absolutamente extraordinária e eu sabia que ela precisava desse tipo de experiência. Provavelmente foi uma das crianças mais talentosas a quem já ensinei. Felizmente para Francisca, seus pais, apesar de gostarem de me ameaçar a torto e a direito, também estavam dispostos a me deixar incluí-la nos programas. Eles queriam o melhor para a filha e sabiam que as atividades em que a estava envolvendo iriam beneficiá-la de muitas maneiras. Permitiram até mesmo que eu a levasse, com um grupo de oito alunos, em uma viagem de uma semana à Carolina do Norte. Francisca aproveitou todas as experiências desse passeio: aprendeu esqui aquático, rolou por dunas e andou de buggy, entre muitas outras coisas. Nessa semana, ela viveu de verdade e sei que guardará isso para sempre.

Essa viagem não teve nenhum custo para seus pais e eu esperava que eles pelo menos demonstrassem alguma consideração quando eu a trouxesse de volta. No entanto, o pai entendeu mal a hora da chegada e teve que esperar um bom tempo por nós na escola. Ficou furioso comigo e passou a dizer, diante dos outros pais que estavam ali, o quanto se aborrecera por ter tido que nos aguardar e que eu devia aprender a ser mais responsável. Ao entrar no furgão e sair dirigindo, tentei manter em mente a imagem de Francisca rindo enquanto rolava nas dunas.

Por que estou compartilhando essas histórias horríveis? Para ser sincero, sempre que tenho problemas com pais como os que mencionei, a única coisa que faz com que me sinta melhor é escutar outros professores contando casos parecidos. Ajuda saber que eles encontram o mesmo tipo de pais e que isso é inevitável. Espero que compartilhar algumas das minhas provações auxilie outras pessoas quando elas tiverem que enfrentar situações difíceis.

Tenho uma porcentagem imensamente maior de histórias de pais que me apoiaram e ajudaram e com quem foi um prazer trabalhar. Alguns deles fizeram o papel de acompanhantes de viagem e foram tão extraordinários e me apoiaram tanto que considero incrível o que se dispuseram a suportar e as tarefas que aceitaram assumir.

A melhor coisa que os pais podem fazer por mim, porém, é me darem sua confiança. Não importa o quanto os alunos gostem do professor, há ocasiões em que se consideram "injustiçados". Uma nota mais baixa do que a esperada, uma punição que julgam severa demais ou simplesmente não chamá-los o suficiente para responderem a perguntas, tudo isso pode dar a eles motivo para desprezarem o chão em que pisamos. Eu simplesmente adorava minha professora da sexta série, a Sra. Woolard. Mas certa vez estava relendo o diário que ela nos fazia escrever e encontrei o seguinte trecho: "Hoje foi horrível. Ergui a mão diversas vezes e a Sra. Woolard chamou outros alunos primeiro. Odeio essa mulher!" É preciso amar a mente de um aluno da sexta série.

Mas o que existe de maravilhoso nas crianças é que esses sentimentos normalmente só duram algumas horas, e depois elas voltam a nos adorar. Só há um problema: antes que esse período chegue ao fim, já terão contado aos pais como somos professores horríveis. É nesse ponto que a confiança entra em ação. No começo do ano, aviso os pais que as crianças provavelmente vão se queixar de que sou muito severo ou de que passo muitos deveres de casa. Por esse motivo, também lhes peço que confiem em mim, pois sei o que estou fazendo.

Os pais que compreendem isso são uma bênção, mas alguns deles acreditam em qualquer coisa que o filho diga e não pensam duas vezes antes de assumir sua defesa. Muitas vezes telefonam e não querem nem saber da minha versão da história. Presumem que tudo aconteceu exatamente como a criança contou. Felizmente, esse comportamento também é de uma minoria e tenho apreciado imensamente trabalhar com um número muito maior de pais que tornam meu ofício e minha vida muito mais fácil.

Há cinco coisas que gostaria de pedir aos pais de meus alunos:

1. Se sentirem que há um problema comigo ou com a forma como ensino, não telefonem para o diretor. Liguem para mim primeiro e me dêem a chance de discutir essas preocupações com vocês.

2. Se precisarem falar comigo, mandem um recado pelo seu filho. Escreverei de volta e poderemos combinar uma hora para nos encontrarmos. Não apareçam inesperadamente à porta da minha sala de aula para uma reunião.

3. Não permitam que seu filho se atrase ou falte à escola por qualquer motivo que não seja doença ou morte na família. Deixar que a criança perca um dia de aula porque precisa cortar o cabelo ou ir comprar roupas com vocês é lhe passar a mensagem errada.

4. Compreendam que seu filho é um entre os muitos alunos aos quais dou aula todos os dias e que nem sempre tenho condições de atender cada uma de suas necessidades. A responsabilidade de educar as crianças não é exclusivamente do professor, é de vocês também.

5. Confiem em mim, pois sei o que estou fazendo.

Nunca fiz esses pedidos de forma explícita aos pais dos meus alunos, mas em geral creio que a maioria deles sabe de tudo isso naturalmente. É com os que não estão atentos a essas questões que preciso me preocupar. Quando se trata desses pais, sugiro seis conselhos aos professores e professoras:

1. É absolutamente imprescindível que seu primeiro contato com os pais seja positivo, sem nenhuma manifestação de negatividade.

2. Em todos os seus contatos com os pais, o primeiro comentário sobre o desempenho do filho deles na sala de aula tem que ser necessariamente elogioso. (Beth pode estar sendo um fracasso em todas as aulas, mas se ela apresentar bons resultados nos trabalhos de artes, por exemplo, mencionem isso primeiro.)

3. Usem roupas próprias de um profissional. Descobri que, quando visto terno e gravata, pais e alunos me tratam com mais respeito. Tenho muito menos problemas de disciplina na classe e, quando falo com os pais, seu tom em geral é mais respeitoso e cooperativo. Além disso, professores que queiram ser tratados como profissionais devem vestir-se e agir como tal.

4. Mandem recados para os pais ou liguem para eles inesperadamente, só para contar algo de bom que o filho

deles tenha feito. (Quando faço isso, sempre comentam que nenhum professor tinha tomado essa iniciativa antes. Os pais adoram ouvir coisas positivas sobre os filhos, e isso contribui muito para construir um bom relacionamento com eles.)

5. Aproveitem todas as oportunidades possíveis para agradecer aos pais. Quando eles doarem material para a classe, colaborarem em uma festa, atuarem como acompanhantes em uma viagem ou contribuírem de qualquer outro modo para a turma, mandem-lhes uma mensagem de agradecimento. Isso fará com que se sintam valorizados e será muito mais provável que voltem a ajudá-los em outras ocasiões.

6. Se um pai ou mãe for extremamente difícil de lidar, não tenham receio de marcar uma reunião com o diretor para que possam expressar suas preocupações. Se isso não funcionar, evitem essa pessoa de todas as maneiras. Qualquer contato com ela deverá ser feito por escrito. Não se submetam à tortura.

Dicas para estabelecer punições e prêmios

Quando pensei nas conseqüências que ia instituir para os atos de mau comportamento, tentei imaginar coisas simples e fáceis de pôr em prática. Portanto, decidi que o modo mais eficaz é o seguinte: quando um aluno quebra uma regra, seu nome é escrito no quadro-negro, o que significa apenas uma advertência. Na segunda vez em que o repreendo, o sinal de "+" é colocado ao lado do nome. Para cada infração adicional, ele recebe mais um sinal e o esquema funciona assim:

Nome no quadro-negro

Advertência, sem conseqüências, a não ser o nome no quadro.

Um sinal

Na hora do almoço, olho para o quadro-negro e anoto os nomes dos alunos e quantos sinais cada um deles tem. Quem possui pelo menos um sinal vai ter que se sentar comigo no almoço. Normalmente escolho uma mesa afastada em um canto do refeitório. Não permito nenhum tipo de conversa. Se o aluno ri ou diz uma só palavra, é punido com mais um dia de almoço silencioso.

Dois sinais

O aluno que tiver ganhado dois sinais fica sem o recreio. Se minha turma for para o recreio com outro professor, mantenho comigo na sala a criança que está sendo punida. Quando sou eu que acompanho a classe, instruo o aluno que está recebendo o castigo a ficar sentado perto da cerca. Se não houver recreio por causa da chuva, ele perde parte do seu tempo de atividades esportivas no ginásio. Aos pais que talvez considerem uma crueldade tirar o recreio das crianças eu diria: "Isto aqui é uma batalha muito dura. Ensinar não é fácil e às vezes temos que fazer o que for preciso para que os alunos se comportem."

Antes de começar a dar aulas para uma turma, via a Sra. Waddle aplicando esse castigo a seus alunos e pensava: "Que monstro!" Duas semanas depois, eu mesmo não hesitei em tirar o recreio de um menino que continuava a espetar um colega com um lápis mesmo após ter recebido três advertências para não fazer isso. A situação muda completamente de figura quando somos o professor e estamos fazendo todo o necessário para manter ordem na sala de aula.

Três sinais

Com três sinais ao lado nome, o aluno deve ficar de castigo na escola por uma hora após as aulas. Envio aos pais uma carta mais ou menos assim:

> *Caro(a) Pai/Mãe ou Responsável:*
>
> *Seu(sua) filho(a) terá que ficar de castigo em 5 de abril, das 15h às 16h, na sala de aula do Sr. Clark. O motivo para essa punição é:*
>
> *– Não fez a lição de casa*
> *Tarefa não cumprida:* ______________________
> *– Comportamento*
> *Explicação:* ______________________
> ______________________
>
> *Por favor, assine abaixo permitindo que seu (sua) filho (a) fique de castigo.*
>
> *Assinatura:*______________ *Data:* __________

Antes de enviar o aviso de castigo para a casa dos alunos, falo com seus pais e lhes explico como esse procedimento funciona. Jamais lhes mandaria essa notificação se não tivesse conversado com eles e tido certeza de que compreendem essa medida. A maioria dos pais concorda em dar sua permissão, mas alguns não agem assim. No Harlem, como a maior parte dos alunos podia voltar para casa a pé após o castigo, os pais não se importavam em autorizar a punição. Na Carolina do Norte era diferente, pois a escola era situada em uma área rural. Assim, se as crianças ficassem até às 16h, os pais teriam que fazer um trajeto extra para buscá-las, o que consideravam um incômodo para si mesmos e não para o filho. Na minha opinião, se o aluno não está preparado para freqüentar as aulas todos os dias, parte da responsabilidade deve recair sobre os pais, por isso gosto dessa medida.

Quando os pais se mostram absolutamente inflexíveis, encontro uma punição igualmente eficaz. Por exemplo, combino que a tarefa do aluno será fazer um relatório de três páginas sobre determinado tópico, normalmente relacionado a um assunto que estejamos estudando na sala de aula. Estipulo um prazo de dois dias para que ele conclua o trabalho. Pelo acordo, se o relatório não for feito, a criança terá que ficar de castigo na escola. Cerca de noventa por cento das vezes, a tarefa não é cumprida e os pais têm que conceder a permissão para a punição. Quando precisamos substituir castigos, é *necessário* termos certeza de que estamos escolhendo algo que os alunos relutem igualmente em fazer.

Se as crianças virem que os colegas não estão tendo que lidar com as conseqüências, certamente vamos ter que lhes explicar quais serão as medidas alternativas. Além disso, se perceberem que algum companheiro de turma está conseguindo se safar do castigo após as aulas e se começarem a discutir e a nos perguntar sobre isso, devemos dizer simplesmente: "Ah, é assim?

Vocês pensam que ele está se dando bem? Primeiro, ninguém aqui tem idéia do quanto é ruim a nova punição que ele recebeu. Segundo, não estejam tão certos de que ele está liberado do castigo na escola. E terceiro, não é da sua conta." Talvez o aluno em questão de fato não cumpra o castigo, mas não podemos deixar que as crianças saibam disso. Mesmo que ele conte aos colegas que conseguiu escapar e que vai receber uma punição alternativa, devemos fazer de conta que esse estudante nem sabe o que lhe está reservado. Sei que isso parece estranho, mas funciona. O importante é que *nunca* devemos dizer à turma que estamos substituindo punições para determinados alunos.

Quatro sinais

Normalmente, depois que envio um aviso de castigo, o aluno tenta arduamente se comportar, e é raro alguém receber quatro sinais. Digo às crianças que, com quatro sinais, haverá uma reunião imediata entre pais e professores sobre seu comportamento. Quando isso acontece, as formas de contato com os pais variam de acordo com a gravidade da situação. Por exemplo, se eu não considerar o problema muito sério, simplesmente espero e deixo para telefonar para eles quando chego em casa. Quando se trata de algo mais grave, ligo durante o horário de planejamento ou depois das aulas. Também há ocasiões em que peço à criança que se retire da sala e aguarde no corredor enquanto telefono para seus pais pelo celular. Procuro não agir assim com freqüência para não interromper a aula. No entanto, de vez em quando adoto esse procedimento, porque quero que os alunos saibam que, se necessário, consigo falar com seus pais em questão de minutos. Já houve vezes em que o mau comportamento de um aluno justificou uma reunião entre pais e professores com a presença do diretor. Nessas situações, sempre faço questão de ter um relatório do comportamento do aluno. Por exemplo, incluo uma lista de todos os dias em que ele foi punido com o almoço em silêncio, cópias de avisos de castigo assinados e uma explicação por escrito das ações que levaram aos quatro sinais.

Essas conseqüências podem parecer rigorosas e, de fato, nas primeiras semanas de aula metade da turma tem que se sentar comigo em um almoço silencioso, perde o recreio ou fica no castigo após as aulas. Cerca de um mês depois, porém, todos os alunos começam a aprender como se comportar para evitar encrencas e o número de punições diminui. No começo há muito trabalho para o professor, mas no fim vale a pena.

As conseqüências são necessárias, pois são a chave para o bom desempenho das crianças. A cada ano, antes de lhes apresentar as regras, faço um discurso. A mensagem é a mesma que transmito várias vezes ao longo do período letivo. Eu a exponho com total convicção, a transmito com paixão e os alunos sabem que estou falando sério. Ela é mais ou menos assim:

> Este ano tem tudo para ser um dos melhores de suas vidas. Se vocês estiverem dispostos a me escutar e a me obedecer, vamos fazer coisas incríveis juntos. É preciso que acreditem e confiem em mim. Vou me esforçar 110 por cento e trabalhar duro para ter certeza de que vocês recebam a melhor educação possível.
>
> Não me importa que tipo de notas tiveram no passado e não me importa em que tipo de encrenca se meteram antes: este é um novo ano e vamos começar novamente. Podem ter certeza de que, se estiverem dispostos a seguir as regras e os procedimentos e tentarem fazer o melhor, neste ano todos vocês serão astros. Poderemos ser não somente a melhor turma desta escola como a melhor turma do país.

Talvez esse discurso pareça uma grande encenação, mas o fato é que creio honestamente que *é* possível, e portanto é possível. Eu acreditaria nisso não importando quais trinta crianças do país encontrasse em minha sala no primeiro dia de aula.

É importante que eu transmita essa mensagem de determinada maneira. Por isso, digo essas palavras com total entusiasmo, ando de um lado para outro, olho nos olhos dos alunos e falo com convicção. Ao passar os olhos pela sala, vejo nos rostos das crianças que elas estão começando a acreditar. Por quê? Simplesmente porque querem crer que é possível, querem acreditar que é verdade.

Um componente final para fazer com que os alunos apresentem um bom desempenho é premiá-los. Quando eles se saem bem, têm que saber disso. Um dos principais prêmios que uso é o bom e velho elogio. Em todas as oportunidades possíveis, falo com as crianças sobre seu sucesso em determinadas tarefas e sobre as habilidades que demonstram em certas áreas. Descobri que é eficaz parabenizá-las individualmente, mas também constatei que o efeito é maior quando as felicito na presença dos colegas. O elogio que é dito diante de toda a turma pode ser uma poderosíssima técnica de persuasão.

Quando dava aulas na Carolina do Norte, havia um menino chamado Arlis que realmente ia mal na maioria das matérias. Quase sempre tirava notas D e era reprovado na maioria dos cursos. Na Carolina do Norte é preciso fazer provas finais de Matemática e leitura na quinta série. Para estar adequado a essa classe, o aluno tem que conseguir uma nota 3, o que significa que está no nível da série, ou 4, que indica que está mais adiantado.

No primeiro mês do ano letivo estávamos lendo *O leão, a feiticeira e o guarda-roupa*, de C. S. Lewis, e pedi à turma para prever o que ocorreria no capítulo seguinte, intitulado "Deeper Magic from the Dawn of Time" (A mágica mais poderosa do começo dos tempos). Arlis ergueu a mão e disse: "Acho que vai acontecer um encantamento bom e mais antigo, que vai cancelar o ruim." Ele acertou na mosca, e tratei de explorar esse fato de todas as maneiras. Fiz com que todas as crianças vissem como sua previsão tinha sido brilhante e o quanto me orgulhava dele por isso. Depois, pedi a alguns professores da escola que me fizessem um favor, comentando com Arlis que tinham ouvido falar de sua ótima observação sobre o romance que estávamos lendo. Liguei para a mãe dele e lhe disse que estava orgulhoso de seu filho porque ele prestava atenção durante as leituras e mostrava uma excelente participação na classe. Eu estava exagerando um pouco? Pode ser que sim, mas certamente começou a dar frutos.

Quando chegávamos a um novo capítulo e eu pedia previsões, a mão de Arlis era a primeira a se levantar. Nem sempre ele estava certo, mas eu agia como se nem tivesse notado isso. Por exemplo, não importava se suas suposições estivessem muito longe de conter a resposta correta, eu não dizia que estavam erradas. Ao contrário, optava por afirmar algo como: "Ah, entendo perfeitamente como você chegou a essa conclusão, Arlis, mas será que alguém pode me dizer..." Estava dando duro para construir sua confiança e a última coisa que pretendia era demoli-la. Às vezes, enquanto líamos, eu dizia algo assim: "Esse trecho é realmente difícil, e preciso ter certeza de que todos vocês compreendam o que o autor está dizendo. Isto é, é claro que Arlis e alguns outros entenderam, mas quero estar certo de que todos nós tenhamos uma boa idéia geral dessa parte."

No fim do ano, Arlis já estava entre os meus melhores alunos de leitura e alcançou o nível 4 na prova final. Simplesmente recebendo os elogios e construindo sua confiança, começou a acreditar que era um leitor excepcional – e durante o processo tornou-se um. É claro que as altas expectativas, a instrução individual e outros aspectos motivadores tiveram seu papel no sucesso de Arlis, mas sei que a chave, sem dúvida, foi o elogio.

Às vezes, porém, enaltecer o aluno não basta. Normalmente levo as crianças em muitos pequenos passeios durante o ano, de 25 a 30. Mas nem sempre toda a turma participa. Costumo começar o ano fazendo esses programas com apenas três ou quatro estudantes. É um número fácil de controlar, e normalmente vamos a um lugar que não requeira muito planejamento ou esforço extra de minha parte, como um cinema ou museu. Essas atividades são rápidas e fáceis de realizar, mas produzem um efeito bastante positivo no clima da classe. Quando as outras crianças descobrem que levei alguns de seus colegas ao cinema, perguntam-se por que não foram escolhidas e querem saber o que precisam fazer para isso. Normalmente seleciono o grupo inicial por bom comportamento ou bom desempenho, o que resulta em uma motivação positiva para os demais.

Eventualmente organizo passeios maiores com as crianças que são destinados a toda a turma, mas quem não está apresentando bons resultados não é convidado. Esses programas também podem ser bem divertidos, como viagens para assistir a jogos de basquete profissional, idas à praia, a parques de diversão e aos mais diferentes tipos de eventos culturais. A cada ano também há pelo menos uma viagem com pernoite, que funciona como uma importante motivação. No entanto, algo que aprendi sobre esses passeios maiores é que eles nunca devem ser usados como uma forma de punição. Ser impedido de participar de uma viagem divertida, emocionante e educativa pode deixar marcas em uma criança. Diversas vezes precisei brigar com pais por causa disso. Alguns deles acham que seu filho não merece o prêmio por causa das notas baixas ou do mau comportamento, mas eu lhes digo que proibir o aluno de ir pode acabar produzindo mais conseqüências negativas do que positivas.

Certa vez, planejei levar um grupo de 12 alunos para assistir a um treino de um importante time de basquete da Carolina do Norte. Era como um sonho para essas crianças e elas estavam empolgadas com a perspectiva do passeio. Como preparação, precisavam usar as estatísticas referentes ao desempenho dos jogadores em exercícios de Matemática e outras tarefas. Também tinham que estudar a história da universidade a que o time pertencia e o programa de basquete. Alguns dias antes da data marcada, um dos alunos, Rodriguez, ainda não tinha conseguido dominar todo o assunto nem concluir os exercícios. Eu lhe disse diante das outras crianças que, se as tarefas não ficassem prontas até o dia seguinte, ele não poderia ir. No dia estipulado, Rodriguez entrou todo agitado na sala e afirmou que não terminara os deveres porque havia esquecido uma das folhas dos deveres na escola. Eu o informei sem pestanejar que ele não iria mais. Percebi que ficou arrasado, mas obviamente tentou esconder o fato dos colegas.

Durante todo o tempo que passamos no estádio da universidade, pensei nesse menino e no quanto essa experiência teria significado para ele. Os alunos tiveram até a oportunidade de fazer alguns lances com os jogadores. Foi uma chance única na vida e eu a negara a Rodriguez. De fato, ele não completara o trabalho, mas eu nunca devia ter dito que não lhe daria permissão para ir, caso não entregasse as tarefas. Em algumas situações, não devemos impor condições como essa. Precisamos ver o panorama geral e nos perguntar o que afinal é o melhor para a criança. Uma punição mais positiva para esse aluno teria sido mantê-lo de castigo na escola depois das aulas, todos os dias, durante a semana, executando trabalhos extras. Eu jamais devia ter posto em risco sua oportunidade de participar do passeio. Está certo tirarmos algumas coisas dos alunos e é claro que podemos puni-los suspendendo um privilégio, mas em nenhuma circunstância é apropriado negarmos a eles experiências que sejam capazes de motivá-los ou mudar sua vida para melhor.

Tenho mais um comentário sobre prêmios e punições: eles devem ser dados imediatamente após a ação que os motivou. Nem sempre isso é possível porque temos que lidar com a administração da escola. Em algumas instituições de ensino, quando uma criança recebe um registro de indisciplina, podem se passar dias até que ela seja chamada ao gabinete ou punida de alguma forma. Há escolas que elegem o "Aluno da Semana" e, em geral, o escolhido ganha um prêmio do diretor, como sorvete; mas às vezes isso só ocorre semanas depois. Imagine como nos sentiríamos se nosso contracheque (nosso prêmio) chegasse com duas semanas de atraso. E se durante um jogo de basquete o juiz apitasse uma falta cometida dez minutos antes? Simplesmente não faz sentido.

Lembro-me de certa vez em que organizei os alunos em equipes de sete integrantes e lhes disse que compraria uma pizza para o grupo que alcançasse o melhor desempenho na prova de ortografia da sexta-feira. Nessa semana, vi os melhores resultados do ano em ortografia, e todos os membros do grupo fizeram cem pontos. Altamente empolgados, eles estavam prontos para receber o prêmio prometido, mas acabei me esquecendo de ligar com a antecedência necessária para que a pizza chegasse até a hora do almoço. Combinei então com os alunos que a pediria na segunda-feira seguinte, mas nesse dia duas crianças da equipe faltaram à aula e não pude fazer a encomenda. Antes que eu percebesse, era sexta-feira outra vez e eles ainda não tinham comido a pizza. É desnecessário dizer que nesse dia vi algumas das piores notas de provas de todo o ano.

Por outro lado, certa manhã, dois alunos começaram uma briga no banheiro. Lá fui eu, correndo, escorregando e deslizando até agarrar um deles com a mão direita e o outro com a esquerda. Em pleno acesso de raiva, os dois bufavam furiosos. Levei-os ao gabinete para que fossem falar com a diretora. Ela mandou dizer que trataria deles imediatamente. No entanto, quando nossa turma passou a caminho do refeitório, vi que os meninos continuavam sentados no mesmo lugar em que os deixara. Eles disseram que ainda nem haviam se encontrado com a diretora e, então, os levei conosco para almoçar.

Depois do almoço, conversamos os três e resolvemos o problema. Isso aconteceu em uma quarta-feira. Na segunda-feira seguinte, a professora que lidava com os estudantes suspensos das aulas avisou que os garotos passariam dois dias com ela como castigo. A essa altura, eles já estavam bem, fazendo seu trabalho e atentos ao que acontecia na classe. Praticamente já tinham esquecido os aspectos envolvidos na briga, porém somente naquele momento, quase uma semana depois, receberam a punição.

Isso me lembra uma história que minha irmã me contou. Tassie disse que uma vez meu sobrinho Austin comportou-se mal no supermercado, mas, como ela levou duas horas até chegar em casa para colocá-lo de castigo, já nem lembrava mais por que o estava punindo.

Para serem eficazes, o castigo e o elogio têm que ser dados imediatamente. Quanto mais rápidos formos em usar esses recursos, mais benefícios eles proporcionarão às crianças.

Concluindo

Quando terminei de escrever este livro, me senti uma pessoa feliz. Colocar no papel tantos pensamentos, idéias e histórias foi muito mais difícil do que eu havia imaginado. Acreditava que finalmente tinha acabado quando Amanda, minha melhor amiga, me perguntou: "E como termina o seu livro? *Detesto* livros que não têm uma boa conclusão." Respirei fundo e engoli em seco. Respeito a opinião dela e sua observação me deixou apavorado. Como eu deveria fazer isso?

Enquanto tentava me decidir sobre o assunto, tive uma conversa com minha colega de ensino da Snowden Elementary School, Barbara Jones, que me disse: "Por favor, escreva no livro qual é o sentido da vida para você. Adoro quando fala sobre isso." Como eu ainda não tinha mencionado nada a respeito, me pareceu uma conclusão adequada, portanto lá vai...

Para mim, a vida é feita de experiências, as que criamos para nós e as que proporcionamos a alguém. Como professor e como pessoa, tento oferecer momentos especiais aos que me cercam. Mencionei que certa vez levei alguns dos meus alunos a um treino do time de basquete da Universidade da Carolina do Norte. Quando o treinamento terminou, eu tinha uma notícia para dar a eles: "Crianças, sei que lhes disse que só estávamos aqui para assistir, mas todos vocês precisam mudar de roupa, porque vamos poder jogar uma partida no ginásio!" Ainda me lembro da expressão do rosto de Kenny Brown enquanto ele pulava de um lado para outro sem parar. O que vi em seus olhos era alegria pura, contentamento total e impacto. Sei que ele se lembrará desse momento enquanto viver.

Instantes assim ocorreram quando anunciei aos meus alunos que eles iriam à Casa Branca, quando surpreendi a turma da escola do Harlem com a viagem a Los Angeles, na noite em que acomodei as crianças nas primeiras cadeiras do teatro para assistirem ao *Fantasma da ópera* e todas as vezes em que coloquei meus alunos em situações em que sentiram que estavam vivendo de verdade.

Dar a eles momentos como esses e proporcionar esse tipo de emoção para as pessoas: isso é a vida para mim. Tudo o que espero deste livro é que ele o tenha inspirado a dar uma contribuição expressiva nas vidas das crianças. Oriente-as enquanto crescem, mostre-lhes de todas as maneiras possíveis que estão sendo cuidadas e crie para elas momentos especiais que acrescentem mágica às suas vidas e as motivem a agir assim com todos. E mais importante – ensine-lhes a amar a vida.

Conheça outros importantes títulos da Editora Sextante

10 princípios básicos para educar seus filhos

Laurence Steinberg

Este livro é diferente de todos os outros que falam sobre a função dos pais, porque se fundamenta em milhares de pesquisas bem elaboradas. Um dos psicólogos mais conceituados dos Estados Unidos, Laurence Steinberg resume e relata, em linguagem simples e acessível, o que os especialistas aprenderam em décadas de pesquisas abrangendo centenas de milhares de famílias.

Steinberg define um bom pai ou uma boa mãe como alguém capaz de transmitir aos filhos valores como honestidade, empatia, autoconfiança, bondade, cooperação, autocontrole e alegria; alguém capaz de promover o desenvolvimento da curiosidade intelectual, de motivar o aprendizado e o desejo da criança de realizar seu potencial.

Escrito com sensibilidade de pai e objetividade de pesquisador, este não é apenas um guia para a criação dos filhos: é também um poderoso aliado para ajudar você a se tornar mais eficiente, amoroso e confiante.

Pais brilhantes, professores fascinantes

Augusto Cury

Formar crianças e adolescentes sociáveis, felizes, livres e empreendedores é um belo desafio nos dias de hoje. A solidão nunca foi tão intensa: os pais escondem seus sentimentos dos filhos, os filhos escondem suas lágrimas dos pais, os professores se ocultam atrás do giz.

A quem interessa este livro? Aos pais, aos professores da pré-escola, do ensino fundamental, médio e universitário, aos psicólogos, aos profissionais de recursos humanos, aos jovens e a todos os que desejam conhecer alguns segredos da personalidade e enriquecer suas relações sociais.

Pais brilhantes, professores fascinantes é um ótimo exemplo do talento de Augusto Cury: um livro cheio de valiosas contribuições para a auto-estima e desenvolvimento das pessoas.

As crianças aprendem o que vivenciam

Dorothy Law Nolte e Rachel Harris

Seus filhos estão sempre prestando atenção em você. Talvez não ao que você lhes diz para fazer, mas certamente ao que de fato vêem você fazer.

Esse livro vai ajudar você a refletir sobre o exemplo que está dando aos seus filhos. Ele traz ensinamentos fundamentais para que os pais ajudem as crianças a lidar com o medo, a hostilidade e a inveja, assim como a desenvolver a autoconfiança, a coragem, o senso de verdade e justiça, o amor e o respeito pelos outros.

E não há presente maior para os pais do que assistir ao desdobramento da personalidade dos filhos, ver sua beleza brilhar no mundo e saber que sua contribuição foi essencial para a felicidade deles.

Uma professora fora de série

Esmé Raji Codell

Uma professora fora de série é um relato divertido, realista, inspirador e sem papas na língua de uma professora em seu primeiro ano de ensino. Aos 24 anos, Esmé Raji Codell enfrenta o desafio de lecionar para crianças pobres e negras numa escola pública de Chicago, vivendo problemas bem semelhantes aos dos professores brasileiros.

Impetuosa e exuberante, ela não se intimida com a burocracia do sistema educacional, a falta de recursos, o marasmo dos colegas de profissão e a violência dentro e fora da sala de aula.

Com sua criatividade, ela transforma o ambiente de sua turma, estimula as crianças a aprender e cria atividades memoráveis como a "máquina do tempo", onde todos experimentam pela primeira vez a magia da leitura. Ela é um exemplo de como, com amor e dedicação, um professor pode mudar a vida de seus alunos para sempre.

As grandes lições da vida

Hal Urban

Professor premiado, que durante 35 anos se dedicou a ensinar jovens e adultos, Urban apresenta as 20 lições que considera essenciais para estabelecer boas relações com as pessoas, definir objetivos de vida e adotar os hábitos necessários para alcançá-los, saber apreciar suas próprias qualidades e se empenhar para realizar todo o seu potencial.

Sem propor fórmulas mágicas, ele trata de valores eternos como trabalho duro, honestidade, bondade e respeito, falando com sabedoria de temas como sucesso, tempo e dinheiro, bem como da importância de se ter uma atitude positiva, de ser capaz de rir e de apreciar a vida, de estar disposto a aprender sempre e de ser uma boa pessoa.

Clássico na simplicidade do seu estilo e na força de seus conselhos, *As grandes lições da vida* vai ajudar você a encontrar o melhor no mundo, nos outros e em você mesmo.

Nunca desista de seus sonhos

Augusto Cury

Com mais de um milhão de livros vendidos sobre temas como crescimento pessoal, inteligência e qualidade de vida, o psiquiatra Augusto Cury debruça-se aqui sobre nossa capacidade de sonhar e o quanto ela é fundamental na realização de nossos projetos de vida.

Os sonhos são como uma bússola, indicando os caminhos que seguiremos e as metas que queremos alcançar. São eles que nos impulsionam, nos fortalecem e nos permitem crescer. Se os sonhos são pequenos, nossas possibilidades de sucesso também serão limitadas. Desistir dos sonhos é abrir mão da felicidade. Quem não persegue seus objetivos está condenado a fracassar 100% das vezes.

Analisando a trajetória de grandes sonhadores, como Jesus Cristo, Abraham Lincoln e Martin Luther King, Cury nos faz repensar nossa vida e nos inspira a não deixar nossos sonhos morrerem.

A última grande lição

Mitch Albom

Cada um de nós teve na juventude uma figura especial que, com paciência, afeto e sabedoria, nos ajudou a descobrir dimensões mais profundas e a escolher nossos caminhos com maior liberdade.

Para Mitch Albom, esta pessoa foi Morrie Schwartz, seu professor na universidade. Vinte anos depois, Mitch reencontra Morrie nos últimos meses da vida de seu velho mestre, acometido de uma doença terminal.

Durante quatorze encontros, eles tratam de temas fundamentais para a felicidade e realização humana. É uma lição de esperança sobre o sentido da existência, em que a experiência e reflexão são transmitidas de forma simples e comovente, que transformou a vida do autor, e que ele quis registrar como uma dádiva de Morrie para o mundo.

Questões fundamentais da vida

Roger Merrill e Rebecca Merrill

O trabalho é fundamental. A família é fundamental. O tempo é fundamental. O dinheiro é fundamental. Mas o verdadeiro desafio para quem deseja ter qualidade de vida é alcançar um grau satisfatório de sucesso em cada uma dessas áreas.

Muitas pessoas acreditam que é impossível se dedicar à família e, ao mesmo tempo, ser um excelente profissional. Neste livro inovador, você vai descobrir como isso é possível, além de aprender métodos práticos que lhe permitirão:

- Transformar seu trabalho em uma fonte de excelência e de contribuição que constrói a força e a unidade da família em vez de destruí-las.
- Priorizar os laços familiares, que são o que existe de mais importante.
- Solucionar o dilema entre a necessidade de concentrar-se em uma tarefa e a de reagir ao que está ao seu redor.
- Desenvolver uma "inteligência orientadora" que capacitará você a tomar decisões mais sábias.

Não leve a vida tão a sério

Hugh Prather

A vida não precisa ser tão complicada quanto insistimos em torná-la. A simples decisão de não se agarrar aos problemas pode melhorar – e muito – nossas vidas. É isso o que Hugh Prather nos mostra, com humor e clareza, neste livro.

Ele escreve sobre as dificuldades do dia-a-dia e nos dá ferramentas para contorná-las, mudando o que há de mais importante na vida: nossa atitude mental e a forma de reagir aos inevitáveis contratempos.

Seus ensinamentos são baseados em histórias reais que nos deixam com a sensação de já ter passado por aquela situação ou testemunhado algo parecido. Você aprenderá soluções práticas para dar um basta às preocupações e ao medo, e se libertar de tudo aquilo que impede sua felicidade.

CONHEÇA OS 30 CLÁSSICOS DA EDITORA SEXTANTE

O Código Da Vinci, *Anjos e Demônios* e *Fortaleza Digital*, de Dan Brown

Pais brilhantes, professores fascinantes, *Nunca desista de seus sonhos* e *Você é insubstituível*, de Augusto Cury

O monge e o executivo, de James C. Hunter

Um dia "daqueles", *O sentido da vida* e *Querida mamãe, obrigado por tudo*, de Bradley Trevor Greive

Por que os homens fazem sexo e as mulheres fazem amor?, de Allan e Barbara Pease

Os 100 segredos das pessoas felizes e *Os 100 segredos das pessoas de sucesso*, de David Niven

Enquanto o amor não vem, de Iyanla Vanzant

A última grande lição e *As cinco pessoas que você encontra no céu*, de Mitch Albom

A Dieta de South Beach, de Arthur Agatston

O ócio criativo, de Domenico de Masi

Não leve a vida tão a sério, de Hugh Prather

O Poder do Agora, de Eckhart Tolle

A vida é bela, de Dominique Glocheux

Palavras de sabedoria e *O caminho da tranqüilidade*, de Sua Santidade, o Dalai-Lama

Muitas vidas, muitos mestres e *Só o amor é real*, de Brian Weiss

Histórias para aquecer o coração, de Jack Canfield e Mark V. Hansen

Conversando com os espíritos, de James Van Praagh

Aprendendo a gostar de si mesmo, de Louise Hay

Mantenha o seu cérebro vivo, de Lawrence Katz e Manning Rubin

Aprendendo a silenciar a mente, de Osho

INFORMAÇÕES SOBRE OS PRÓXIMOS LANÇAMENTOS

Para receber informações sobre os lançamentos da EDITORA SEXTANTE, basta enviar um e-mail para atendimento@esextante.com.br ou cadastrar-se diretamente no site www.sextante.com.br

Para saber mais sobre nossos títulos e autores, e enviar seus comentários sobre este livro, visite o nosso site: www.sextante.com.br

EDITORA SEXTANTE
Rua Voluntários da Pátria, 45 / 1.404 – Botafogo
Rio de Janeiro – RJ – 22270-000 – Brasil
Telefone: (21) 2286-9944 – Fax: (21) 2286-9244
E-mail: atendimento@esextante.com.br